# LA COMUNICACIÓN RADIOFÓNICA

## SEGISMUNDO URIARTE DOMÍNGUEZ

## Prólogo

Es evidente el auge continuo de la comunicación radiofónica a pesar del apogeo de las comunicaciones de todo tipo, ofreciendo unas posibilidades inmensas y unos matices llenos de una gran riqueza. Cuando la comunicación radiofónica se utiliza de forma consciente, sencilla y sin vanidad podemos hacer de ella un importante instrumento de animación sociocultural.

A la comunicación radiofónica hay que acercarse con mucho respeto, despojados de prepotencia, siendo consciente del compromiso que significa dirigirse a un gran número de personas. Hay que tener en cuenta también que es, ante todo, el resultado de un trabajo de equipo en el que entran una serie de elementos encadenados entre sí que permiten marcar el ritmo, la intensidad y, en definitiva, su interés.

Es una tarea apasionante que requiere una gran dosis de vocación y de constancia. Con estos dos elementos y con la adecuada preparación técnica se pueden lograr resultados muy gratificantes y, sobre todo, se puede hacer de este tipo de comunicación un importante instrumento de entretenimiento, de información y de formación. No podemos concebirla a base de proferir insultos o afirmaciones que atenten contra la dignidad de las personas, ni tampoco a base de creernos unos dioses que estamos en posesión de la verdad absoluta.

La comunicación radiofónica es un poderoso medio que puede encandilar a los que buscan en ella su lucimiento personal. Su gran proliferación debe ir acompañada de un adecuado tratamiento profesional. Debemos evitar que caiga en manos de personas que quieren hacer de ella sólo un instrumento político. Debemos evitar que la hagan personas que continuamente le dan "patadas" al vocabulario. La comunicación radiofónica requiere vocación, preparación y una gran dosis de profesionalidad.

# ÍNDICE

# CAPÍTULO I

# LA COMUNICACIÓN

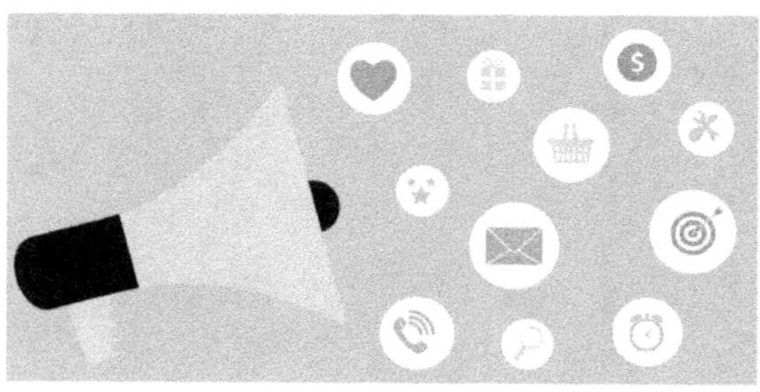

Comunicar es compartir un mensaje. Compartir supone acercamiento, ponerse en lugar de la otra persona a la que se quiere dar el mensaje. Es la falta de acercamiento al que recibe el mensaje, lo que impide en no pocas ocasiones que el mensaje llegue correctamente y cumpla el objetivo para el que fue emitido.

A la hora de comunicar debemos tener muy en cuenta que las reglas básicas para una buena comunicación se basan en la preparación y organización previa, en dar la sensación de individualidad, en ser clara y bien estructurada y en estar centrada en lo que quiere la persona que recibe el mensaje.

Todo mensaje ha de ser claro, preciso, objetivo y veraz y tiene que ser fácil de entender por el que lo recibe, al cual hay que proporcionarle la oportunidad de poder dar respuesta al mismo. Y para que podamos dar una respuesta eficaz al mensaje, debemos tener en cuenta que todo mensaje está sometido generalmente a una serie de filtros de tipo ideológico, económico y profesional que lo degradan y distorsionan, por tanto, la realidad.

**Lo que implica**

La comunicación es un proceso de ida y vuelta que requiere diálogo; y dialogar implica hablar **con** la persona y no **a** la persona, implica mantener un flujo en dos direcciones, no precipitarse en las conclusiones y cubrir las expectativas.

El entorno, el carácter, la aptitud, la actitud, los hábitos y la valoración son barreras que hay que tener en cuenta a la hora de plantear una comunicación eficaz, que pasa por planificar el modo de hacerlo, tener seguridad en lo que se dice, verificar el efecto que la comunicación produce en el receptor, saber escuchar y considerar siempre los sentimientos ajenos. Para lograrlo hay que creer en la comunicación.

## La comunicación en la radio

Cuando hablamos de comunicación en la radio, debemos tener muy en cuenta que las reglas básicas para una buena comunicación se basan en la preparación y organización previa, en dar la sensación de individualidad, en ser clara y bien estructurada y en estar centrada en lo que quiere la persona que recibe el mensaje. Todo mensaje radiofónico ha de ser claro, preciso, objetivo y veraz y tiene que ser fácil de entender por el que lo recibe.

A la radio la podemos definir como un medio de comunicación ambivalente, instrumental, a distancia, colectivo, directo y que utiliza como vehículo físico primario exclusivamente el sonido.

Es un medio ambivalente porque puede ser unidireccional (el mensaje se transmite desde la radio al oyente) o bidireccional porque el oyente puede también participar y aportar elementos que completen el mensaje. Esta segunda opción es más completa porque hace a la radio más viva, más dinámica y permite lograr más rápidamente la retroalimentación necesaria para hacer más eficaz la comunicación radiofónica.

Es un medio instrumental porque requiere de elementos técnicos. Unos elementos técnicos cada vez más perfeccionados que permiten hacer de la Radio el medio más ágil y también más económico.

Es un medio a distancia porque habitualmente el emisor y el oyente no están presentes en el mismo lugar.

La Radio es además un medio colectivo porque permite llegar en el mismo momento a una gran cantidad de personas. Por pocas personas que oigan un determinado programa de radio, siempre será más que las que puedan acudir presencialmente a escuchar una charla-coloquio o una conferencia.

Es un medio directo porque permite la recepción inmediata y de manera individual. Cuando damos un mensaje a  través de la radio no lo debemos hacer como si estuviéramos en una caseta de feria que nos dirigimos a una masa. En la radio el mensaje debe ser más personalizado.

El hecho de que utilice como vehículo físico primario exclusivamente el sonido le hace adquirir una personalidad propia que hay que tener en cuenta a la hora de transmitir el mensaje. Hay que tener en cuenta que la radio, como medio, tiene sus limitaciones. Debemos conocerlas para saber qué es lo que se puede hacer si queremos comunicarnos a través de ella.

**Las características de la comunicación radiofónica**
La comunicación en la radio tiene las siguientes características:
- Rapidez, que puede llegar hasta la inmediatez: es decir, la transmisión del mensaje  es simultánea a la recepción.
- Economía: el coste mensaje/receptor es más barato cuanto mayor sea la difusión.
- Amplitud de cobertura: teóricamente, una sola emisora podría cubrir todo el mundo.
- Fugacidad: el mensaje dura en tanto se encuentra en antena; a medida que se transmite, se desvanece. Es irreversible, salvo que se utilicen elementos complementarios; no se puede volver a "oir" a voluntad si no se registra en algún dispositivo de grabación.

Con frecuencia se pretende minimizar el poder de comunicación de la radio frente a la prensa y a la televisión. El que existan diferencias entre estos medios no debe llevar a sobrevaloraciones ni minusvaloraciones. Cada medio tiene sus grandezas y sus servidumbres. Y, por supuesto, no son excluyentes.

La credibilidad de la radio radica en su proximidad psicológica y hasta geográfica, porque se habla prácticamente de persona a persona. La palabra sugiere, estimula la imaginación, provoca la creación de imágenes. Es, además, el medio que mejor combate  la enfermedad de la soledad.

## La proximidad de los mensajes radiofónicos

Entre los medios colectivos instrumentales, la radio es posiblemente el más próximo al receptor del mensaje, el que interpone  menos obstáculos físicos, dificultades intelectuales y requisitos técnicos entre el emisor y la audiencia potencial.

Con lógicas matizaciones y excepciones podemos establecer la teoría de que el interés, la capacidad de captación y, por ello, la utilidad individual de los mensajes, decrecen a medida que el canal comunicativo se hace más distante y complejo.

## La degradación del mensaje

En todo proceso de comunicación se registra una degradación del mensaje motivada por los siguientes factores:
- ✓ La ideología de la empresa radiofónica.
- ✓ Sus condicionantes económicos.
- ✓ La visión profesional de quien comunica.
- ✓ El dispositivo tecnológico de la emisora que permita un mayor o menor alcance.
- ✓ La interpretación que del mensaje haga el oyente

Estos factores actúan como una especie de filtros que pueden condicionar la realidad del mensaje. Un mensaje que nunca tendrá una penetración en el oyente del cien por cien y tampoco llega al cien por cien de los receptores.

## El feedback

Feedback es una palabra inglesa que significa retroalimentación o dar respuesta a un determinado mensaje o acontecimiento. En el ámbito radiofónico, el feedback es uno de los elementos presentes en el proceso de comunicación, donde un emisor envía un mensaje a un receptor a través de un canal.

El mensaje puede ser alterado por algún tipo de barrera (ruido), condicionando entonces su interpretación por el receptor. Una vez interpretado, el receptor completa el proceso de comunicación con el feedback (la respuesta o reacción del receptor al mensaje enviado).
El feedback es un arma poderosa que hace que la comunicación no sea unidireccional. Si no existe deja frustración y duda en el emisor y quizá hostilidad en el receptor. Una de las desventajas de la comunicación radiofónica es la dificultad de encontrar medios para obtener ese feedback. Por eso, hay que crearlos. Si no lo hacemos, será imposible medir la efectividad de lo que queremos comunicar.

En el proceso de comunicación, la retroalimentación es su último eslabón, es el paso con el que se cierra el circuito, colocando el mensaje de respuesta de regreso en el sistema, sirve para controlar y mantener un orden, evitando los malentendidos. La retroalimentación es la única forma en la que podemos saber si la comunicación se logro efectivamente (la que nos dio el receptor), por medio de la respuesta y la reacción.

También la retroalimentación es la información de regreso o información recurrente, que permite la comprensión y el control de las comunicaciones. Para poder prevenir la tergiversación o la mala interpretación de aquello que se está comunicando.

Las comunicaciones informales son un valioso medio de retroalimentación. Es muy importante que la retroalimentación sea dada de inmediato. La retroalimentación positiva es la más deseada y la que produce mejores resultados, no obstante es preferible recibirla aunque sea retroalimentaciones negativas, porque son muy importantes y mejor que nada.

En el caso de la radio, el realizador debe saber ciertas cosas de la audiencia a la que se dirige. Esta información se refiere a sus gustos, preferencias, situación socioeconómica... Estas cosas debe conocerlas antes de que se emita el programa para:
- Decidir el contenido, el estilo y el formato del programa.
- Hacerlo más útil e importante y, por tanto, más interesante al potencial oyente.

- Proponerse objetivos realistas y métodos de control.
- Presentarlo de forma correcta y adecuada al oyente.

Una vez emitido el programa tiene que conseguir otro tipo de información que le permita conocer las reacciones de esa audiencia específica y mejorar la calidad de su trabajo. Para ello debe:

- Averiguar el número de oyentes del programa.
- Distinguir el tipo de audiencia: edad, sexo, situación social.
- Evaluar la efectividad del programa en razón de los objetivos propuestos.
- Comprobar preferencias en temas y tratamiento de los temas.
- Detectar la comprensión, la aceptación y la credibilidad del programa.
- Evaluar su calidad y el tipo de recepción técnica.
- Comprobar costos, no sólo desde el punto de vista económico, sino también desde el punto de vista de la dificultad que supone la realización del programa.

El feedback va, pues, desde el receptor del mensaje original hasta el emisor y puede modificar el próximo mensaje. En resumen, es el aspecto más importante de la comunicación radiofónica, porque ayuda a valorar lo que se está haciendo, a mejorarlo y a cambiarlo o no, a medida que vamos recibiendo información sobre su efectividad.

## Las características del medio radio

La radio genera una situación comunicativa muy particular, en la que emisor y receptor se ven sin ser vistos, en la que se perciben espacios sin ser percibidos, en la que, sobre la nada, se dibujan mares, ríos, montañas, animales, rostros, sonrisas, tristezas,... La radio, como muchas veces se ha dicho, es un medio ciego, pero también es, al mismo tiempo, un mundo a todo color.

La radio es todo eso porque, en aquel que la escucha, genera constantemente imágenes mentales que, a diferencia de esas otras imágenes que ofrecen el cine, la televisión, la prensa, la fotografía o los videojuegos, por citar algunos ejemplos, no están limitadas por espacios, ni por pantallas, ni por colores, ni por sonidos. Y tampoco están limitadas, ni mucho menos, por el lenguaje radiofónico; un lenguaje que presenta una gran riqueza expresiva y unas extraordinarias posibilidades de explotación.

La capacidad de generar imágenes mentales en los oyentes es, sin duda, la principal especificidad de la radio como medio de comunicación, aunque tradicionalmente también se le han atribuido otras propiedades a las que necesariamente tenemos que referirnos: su inmediatez, la heterogeneidad de su audiencia, su accesibilidad o la credibilidad de sus mensajes.

La radio, pese a los avances que han experimentado otros medios gracias a la incorporación de las nuevas tecnologías de la información y de la comunicación, sigue siendo, en la actualidad, la más rápida y la más instantánea, sobre todo a la hora de transmitir acontecimientos noticiosos de última hora.

De la misma manera, la radio no ha perdido la virtud de llegar a todos los públicos, porque, entre otras cosas, sus mensajes son sencillos y fáciles de entender, porque su escucha es compatible con el desarrollo de otras actividades, porque entretiene, porque no es necesario saber leer, porque es gratuita, y porque, a diferencia de la prensa, la televisión o el cine, para algunas personas discapacitadas no interpone barreras.

La radio ha inspirado tradicionalmente una gran confianza entre sus seguidores, posiblemente porque la mayoría de los locutores se dirigen a ellos de tu a tu, les despiertan por la mañana, les acompañan durante la noche, conversan con ellos, les hablan..., y casi siempre con un halo de naturalidad y amistad que difícilmente se aprecia en otros medios audiovisuales. En la confianza que despierta la radio entre la población, posiblemente radique el hecho de que, hoy por hoy, siga suscitando una gran credibilidad.

Pero la radio tiene otras características que conviene no perder de vista y que son las siguientes:
> Su fertilidad: la radio tiene una gran fertilidad. Las emisoras de radio lanzan al aire miles de palabras por minuto, en sus

esfuerzos por informar, educar y entretener, hacer publicidad y persuadir. El aire está lleno de música y las radios locales convierten a los oyentes en radiodifusores.

➢ La radio hace imágenes: aunque es un medio ciego, la radio puede estimular la imaginación, de forma que en cuanto la voz sale del altavoz, el oyente intenta visualizar lo que oye, y crear en su mente al autor de la voz. Al contrario que en la televisión, en donde las imágenes están limitadas por el tamaño de la pantalla, las imágenes radiofónicas pueden ser del tamaño que uno desee.

La gran fuerza que representa el poder apelar directamente a la imaginación, no debe convertirse en la debilidad de permitir una interpretación individual de un hecho objetivo, y, mucho menos, la deliberada exageración del acontecimiento por el radiodifusor.

El guionista y comentarista radiofónico deben escoger sus palabras de forma que creen las imágenes adecuadas en la mente de su oyente para que puedan lograr que su relato sea comprendido y debidamente interpretado.

➢ La radio es directa: a diferencia de la televisión, en la que el espectador está observando algo que sale de una caja "que está allí", las imágenes y sonidos de la radio se crean dentro de nosotros y pueden tener un mayor impacto o implicación. La radio es una cosa mucho más personal, que llega directamente al oyente. El profesional de la radio no debe abusar de lo directa que es y emplear el micrófono como entrada de un sistema de megafonía para dirigirse al público. Lo que debe hacer es utilizarlo como medio para hablar directamente al oyente individual.

➢ La radio es veloz: el gran avance producido en los sistemas de comunicación permite a la radio, por su sencillez de estructura, poder acudir rápidamente allí donde se produzca un acontecimiento y transmitir sobre la marcha lo que se está produciendo. Esa velocidad tiene que ir acompañada de una gran agilidad a la hora de poner al oyente en situación.

➢ La radio es sencilla: la escasa infraestructura que necesita la radio para producir  un programa hace que el profesional de la misma encuentre una mayor flexibilidad en sus trabajos que pueden ser modificados sobre la marcha si la actualidad así lo demandase.

➢ La radio es barata: en relación con los otros medios, tanto el volumen de inversión como los gastos de explotación son bajos. Las emisoras de radio son financiadas de diversas maneras: publicidad comercial, subvenciones estatales, capital privado, suscripción pública, o una combinación de cualquiera de estos sistemas. El coste relativamente bajo significa, una vez más, que el medio es ideal para su uso por el no profesional. Debido a que el tiempo no es tan costoso o tan limitado, las emisoras de radio se sienten estimuladas a correr algunos riesgos en sus programaciones.

La radio es un producto que no puede ser atesorado, y tampoco es algo tan especial que no pueda ser usado por alguien que tenga algo interesante que decir. Mediante todo tipo de sistemas de participación de la audiencia, el medio es capaz  de desarrollar una función con una comunicación de ida y vuelta, especialmente en el área de radiodifusión comunitaria.

➢ La radio es transitoria: es un medio muy efímero, y si el oyente no llega a tiempo para la emisión de noticias, entonces ya ha pasado y tiene que esperar a la siguiente. A diferencia del periódico, que puede dejar por un momento, y después volver a cogerlo o pasarlo a otra persona, el medio de la radiodifusión impone la estricta disciplina de tener que estar allí en el momento preciso.

La naturaleza transitoria del medio también significa que el oyente no sólo debe escuchar el programa en el momento de su emisión, sino que también debe entenderlo en dicha ocasión. El impacto e inteligibilidad de la palabra hablada debe producirse cuando se escucha, ya que pocas veces hay una segunda oportunidad. El locutor/a, por lo tanto, debe procurarse conseguir un máximo de lógica y orden en la presentación de sus ideas, así como el uso de un lenguaje de clara comprensión.

➤ La radio es selectiva: la responsabilidad de un radio difusor es distinta de la que tiene el editor de un periódico, ya que el primero elige exactamente lo que ha de recibir su consumidor. En el material impreso, un gran número de relatos de noticias, artículos, reportajes y otros comentarios, se publican a lo largo de varias páginas. Cada uno de ellos es titulado o identificado de alguna manera para facilitar su selección.

El lector ojea las páginas hasta encontrar los sectores que le interesan, y por tanto está ejercitando su propio criterio. Con la radio esto no es posible. El proceso de selección tiene lugar en el estudio, y al oyente se le presenta una sola línea de material. La selección por parte del oyente sólo ocurre cuando se produce una desconexión mental durante un tema que no le interesa, o si pulsa el mando para sintonizar con otra emisora.

➤ La radio tiene escasez de espacio: un periódico puede tener 30 o 40 columnas de noticias; un boletín de radio de 10 minutos es equivalente sólo a una columna y media. Por consiguiente, la selección y formato del material hablado debe estar más comprimido y debe ser más lógico.

➤ La radio tiene personalidad: la gran ventaja que el medio hablado tiene sobre el escrito reside en el sonido de la voz humana: el calor, la compasión, la ira, el dolor y la risa. Una voz tiene la capacidad de impartir mucho más que la palabra impresa. Tiene inflexión y acento, duda y pausa y una variedad de énfasis y ritmos. La información que un locutor/a imparte depende tanto de su estilo de presentación como del contenido de lo que dice. La vitalidad de la radio reside en la diversidad de voces que emplea, y los giros de tonalidad de las frases y la idiomática local.

➢ La radio tiene música: la música en la radio juega un papel muy importante. Puede servir de fondo a un comentario, puede ser el contrapunto perfecto a un reportaje, puede ser un motivo de compañía o puede ser la protagonista principal de un programa, haciendo girar en torno a ella toda la infraestructura del mismo.

A excepción de los programas que tienen como misión el informar a un público fundamentalmente joven de su mundillo musical, o de aquellos otros que abordan determinados géneros de música, la programación de la música en una emisora debe ser lo suficientemente variada como para llegar al mayor número de oyentes posible. Hay que ser flexibles y dejar a un lado los gustos personales y conectar con el gusto de la mayoría de los oyentes.

# CAPÍTULO II

## EL LENGUAJE RADIOFÓNICO

Las peculiaridades del medio radiofónico condicionan la expresión hablada. El profesional radiofónico debe ser consciente de la fugacidad del mensaje; el oyente no puede volver a escuchar lo que se está contando, no puede comprobar si ha entendido bien la información. Su única opción es escuchar el texto en el momento, en el orden, y con el ritmo que establece el locutor o locutora.

Por tanto, escribir para la radio implica saber utilizar adecuadamente el principal instrumento del profesional de la radio, la palabra. Para ello, se tendrán en cuenta las características básicas del lenguaje hablado y sus exigencias. Esas exigencias son las siguientes:

> ➢ Claridad: se trata de hacer asequible la expresión porque existe el riesgo de interrumpir la asimilación mental de los mensajes si se adoptan códigos que requieren esfuerzos reflexivos y por tanto, tiempo de descodificación (comprensión) Lo concreto, en forma activa y presente. En radio son necesarias las formas que más "vitalizan" las imágenes y los relatos. En casos de equivalencia semántica, mejor las formas simples que las compuestas, el presente que el pasado, la frase activa que la pasiva.

> ➢ Brevedad: las exigencias del tiempo, la necesidad de facilitar la asimilación y la fugacidad del mensaje obligan a

la radio a construir mediante períodos y frases breves que aseguren la comprensión. Los profesionales de la radio están obligados a dominar la ortografía, la morfología, la sintaxis y un vocabulario rico. Deben saber escribir y narrar pero además deben adaptar su escritura y narración al ritmo, cadencia y entonación requeridos en cada momento.

A estas características debe unirse el matiz de la expresión personal. A través del micrófono, lo que se pierde desde el punto de vista plástico se gana en los matices de expresión exclusivos del sonido y en la posibilidad de testimonios personalizados a través de la voz; es lo que se puede denominar tono comunicativo, necesario tanto en informativos como en programas.

La voz, la música, los efectos y el silencio son los elementos sonoros que determinan la capacidad expresiva. La armonía de todos ellos en torno a un contenido interesante será la que permita sostener el relato radiofónico. Así, captar la atención y el interés del público y hacerlo con la gramática adecuada al medio y al mensaje será la principal exigencia de los profesionales radiofónicos. El lenguaje radiofónico existe, no como un calificativo más del lenguaje humano, sino por los signos que utiliza el medio radio para poner en comunicación al emisor con el receptor a través de unos mensajes creados por el primero.

**Su definición**
El lenguaje radiofónico se puede definir como "el conjunto de elementos que intervienen en la radio para crear imágenes" En principio estas imágenes son sonoras, auditivas; pero casi siempre estas imágenes se convierten en visuales en la mente del receptor. Prácticamente las imágenes sonoras son estímulos que se transforman en representaciones visuales en el pensamiento del oyente. Podemos afirmar que el lenguaje radiofónico no es más que el lenguaje del sonido a través del medio radio.

**Elementos del lenguaje radiofónico**
Los elementos que se utilizan son:
- ✓ La palabra.

✓ La música.
✓ Los efectos sonoros.
✓ El silencio.

Analicemos cada uno de ellos.

## La palabra

La palabra es el conjunto de sonidos articulados producidos por un ser humano para expresar una idea. La palabra es el lenguaje humano por excelencia. Resulta pues impensable un mensaje radiofónico informativo sin palabras. No obstante, en determinados mensajes radiofónicos la palabra sobra, ya que molesta. Sucede en la transmisión de un concierto sinfónico; si el locutor habla mientras que la orquesta interpreta una obra musical, los oyentes pueden llegar a indignarse.

Es necesario recalcar que la palabra es sonido articulado. En ocasiones, la articulación del sonido de quien habla brilla tanto por su ausencia que la palabra se convierte en ininteligible.

## La música

La comunicación musical es casi siempre universal incluso en música cantada. Es imposible que un libro se convierta en éxito en un pueblo en el que no se hable la lengua en la que fue impreso; pero no sucede así, dejando el poder de las empresas multinacionales aparte, en el mundo musical: una interpretación musical puede ser un éxito aunque su contenido no sea entendido, en cuanto a la letra, por la inmensa mayoría de los que la escuchan.

Por esta razón, y porque exige menos concentración al que la oye con relación a la palabra, la música ha ido escalando importancia en la radiodifusión. La mayoría de las horas de emisión de casi todas las emisoras del mundo son cubiertas por música. Pero esgrimir este hecho cuantitativo para afirmar que es el principal elemento radiofónico, equivaldría a admitir que la radio no es más que un medio de transmisión o de reproducción de sonidos. La música sin la palabra es reducir la radio a un reproductor musical.

La relación entre música y radio es tan estrecha que difícilmente podríamos hacernos una idea de cómo sería el medio sin la existencia de este componente del lenguaje radiofónico. En los informativos, en los espacios deportivos, en las tertulias, en los anuncios..., siempre hay un lugar para la música, como también lo hay, obviamente, en aquellas emisoras que basan en esta materia prima toda su programación.

**Las funciones de la música**
La música en la radio actúa de distintas formas, es decir, cumple diferentes funciones según se presente en cada momento. La mayoría de los autores que abordan este tema coinciden en destacar la riqueza del lenguaje musical y las múltiples posibilidades de explotación de esta materia prima en el ámbito de la comunicación radiofónica. Sin embargo, a la hora de referirse a las distintas funciones que puede llegar a desempeñar la música, existen pequeñas diferencias.

Analicemos cada una de esas funciones.

> **Función sintáctico-gramatical**
> La música actúa en función sintáctico/gramatical cuando se utiliza para ordenar y distribuir contenidos y secciones, es decir, cuando tiene un carácter organizador. En esta función, muy habitual en los informativos, la música se presenta en diferentes tramos de corta duración, lo que da lugar a que se pueda hablar de distintos tipos de inserciones, como la *sintonía*, la *cortina*, la *ráfaga* y el *golpe musical*.
>
> - La sintonía se trata de un fragmento musical, de entre 15 y 30 segundos de duración, que aparece siempre al inicio y al final de un programa radiofónico. La principal función de la sintonía es identificar a dicho programa, diferenciándolo del resto de espacios que componen la oferta de una emisora. Sería, por utilizar un símil muy apropiado, una especie de *Documento Nacional de Identidad* del programa.

Juega un papel determinante, ya que, atendiendo a las características que presente la música, va a despertar en el oyente toda una serie de expectativas (contenido, ritmo, etc.) sobre el tipo de emisión a la que acompaña. Por este motivo, la sintonía será buena si, al final, dichas expectativas se ven cumplidas. En no pocas ocasiones, sobre la sintonía aparece una voz que nos informa acerca de algunas características del espacio que vamos a escuchar, como su nombre, el de su presentador/a, su horario o día de emisión, etcétera. Cuando esto sucede, estamos ante lo que en el *argot* radiofónico se conoce con el nombre de careta.

- **La cortina** es un fragmento musical de unos 10-15 segundos de duración que se utiliza para separar, en el seno de un mismo programa, contenidos claramente diferenciados (por ejemplo, en un dramático radiofónico para pasar de una escena a otra). En ocasiones, la cortina es un conjunto de frases musicales extraídas de la sintonía.

- **La ráfaga,** al igual que la cortina, sirve también para separar contenidos o bloques temáticos dentro un mismo programa. Sin embargo, dada su menor duración (unos 5 segundos), marca una transición más corta y dinámica, por lo que suele utilizarse asiduamente en los informativos radiofónicos. La ráfaga se usa, por ejemplo, para separar las noticias nacionales de las internacionales, o la economía del deporte.

- **El golpe musical** es un fragmento extremadamente corto (entre 2 y 3 segundos) que se utiliza para llamar la atención del oyente en un momento determinado o para separar fragmentos sonoros verbales que están enlazados por un/a mismo/a locutor/a (por ejemplo, en un bloque de información deportiva varias noticias seguidas sobre un determinado equipo). Para producir el efecto de golpe, conviene que el fragmento presente una marcada ascendencia tonal.

> **Función programática**

Aparece cuando la música es el objeto/contenido principal sobre el que se construye toda la programación de una emisora, o, en su defecto, un programa o una sección determinados. Esta función también se da en los siguientes casos:

- En los especializados musicales o monográficos: es decir, en programas específicos que generalmente giran en torno a distintos estilos musicales. Por ejemplo, un espacio sobre música electrónica, en el que se presentan las últimas novedades, o un programa sobre música clásica, en el que cada semana se ahonda sobre un determinado compositor.

- Al emitir temas musicales en programas no especializados: cuando se inserta una canción o cualquier otra pieza musical en algún momento de un programa, no especializado en música, para suscitar la reflexión, para estimular la relajación o, simplemente, para hacer una pausa musical.

- Eventos especiales: es decir, cuando se transmite un concierto o una actuación determinada.

> **Función descriptivo-ambiental**

La música se presenta ejerciendo esta función cuando, en el momento de describir un lugar, un espacio o un ambiente, su presencia está plenamente justificada, ya que, en verdad, forma parte de la realidad "objetiva" a la que se está aludiendo a través de la radio. Un ejemplo ilustrativo de esta función podríamos encontrarlo en un supuesto reportaje sobre el consumo de alcohol en las discotecas, lugares en los que la música está siempre presente.

➢ **Función descriptivo-ubicativa**
Aparece cuando en la radio se hace uso de una música que, sin pertenecer al ambiente, traslada mentalmente al oyente a un lugar o a un espacio concreto. Dicha traslación se origina porque, al escuchar una melodía, el receptor la asocia automáticamente, por pura convención sonoro-narrativa, con un determinado referente. Por ejemplo, la salsa con Cuba, un vals de Strauss con Austria o la música de carrusel con una feria.

La música descriptivo-ubicativa se utiliza con frecuencia en la radio, sobre todo en los reportajes y en los anuncios publicitarios. Su uso, no obstante, denota una marcada falta de creatividad, ya que, en verdad, es un recurso excesivamente fácil.

➢ **Función descriptivo-expresiva**
En la radio, la música desempeña esta función cuando suscita un determinado "clima" emocional y crea una determinada "atmósfera" sonora. Se usa, en definitiva, para despertar sensaciones y emociones en aquel que la escucha.

En este caso, la música adquiere una dimensión subjetiva y simbólica, y, a menudo, se utiliza para ilustrar el universo interior de un personaje o el sentimiento que le produce a éste una situación dada. También suele ser usada como instrumento de descripción visual y representar así los estados emocionales que producen algunos fenómenos meteorológicos como las tormentas, la lluvia o el viento, o ciertos lugares y espacios, aunque no forme parte de los mismos.

Para seleccionar una pieza musical con la que pretendas incidir en las sensaciones y emociones, es muy importante que, previamente, se analice lo que inspira su escucha. Esta recomendación es lógica, pero si la destacamos aquí es porque muchas veces los temas son elegidos en función de su título y no de las imágenes que en nuestra mente genera su audición.

Es importante tener en cuenta que en muchas ocasiones una misma melodía puede llegar a desempeñar más de una función a la vez. Esta circunstancia podría darse, por ejemplo, en un reportaje sobre un parque de atracciones. En este caso, la música de carrusel forma parte de la realidad que se está describiendo, ubica en ese lugar y, además, puede despertar ciertas emociones en un receptor que, al escucharla, recuerde algunos momentos de su infancia.

**Los efectos sonoros**
La primacía de la voz y la música en la radio de nuestros días enmascara el importante papel que para la producción radiofónica juegan igualmente los efectos sonoros. Se trata, como ahora veremos, de una materia prima esencial para un medio *ciego*, ya que, entre otras cosas, también ayudan a describir ambientes, lugares y atmósferas, es decir, paisajes sonoros.

El efecto lo podemos definir, de manera muy ortodoxa, como aquel sonido, natural o artificial, que sustituye objetiva o subjetivamente la realidad, desencadenando en el oyente la percepción de una imagen auditiva, es decir, del referente al cual restituye. Las formas sonoras de un efecto se reconocen y se interpretan porque están asociadas al mundo que nos rodea: objetos, animales, fenómenos meteorológicos, etc., aunque en ciertas ocasiones dichas formas pueden no tener un referente real, como por ejemplo las señales horarias radiofónicas o el sonido de una nave extraterrestre.

A la hora de definir los efectos, hablábamos de sonidos naturales o artificiales. Esto significa que en radio, al igual que en otros medios audiovisuales, existe la posibilidad de trabajar con sonidos recogidos directamente del paisaje sonoro real que se pretende describir (por ejemplo, tenemos la opción de grabar los sonidos de una estación de tren, o de un rincón de la naturaleza plagado de distintas aves), o bien con sonidos creados artificialmente que evocan otro sonido y que, por tanto, pueden ser percibidos como reales. Este es el caso, por ejemplo, del sonido del fuego, que puede ser representado con papel de celofán, o del sonido de caballos, que puede ser recreado con golpes en el estómago o con las cáscaras de coco partidas por la mitad.

**Funciones de los efectos sonoros en la radio**
Actualmente los efectos sonoros son poco utilizados en la radio, ya que es difícil que encajen en una oferta basada esencialmente en informativos, magazines de entretenimiento y fórmulas musicales. No obstante, sí es posible observar su presencia en algunas inserciones publicitarias, así como en aquellos reportajes en los que se detecta un claro aprovechamiento de los recursos del lenguaje radiofónico.

Al igual que sucede con la música, esta materia prima puede desempeñar distintas funciones, dependiendo siempre del contexto en el que se integre y de las intenciones del emisor. Hablemos de ellas:

> **Función descriptivo-ambiental**
> Aparece cuando el efecto sonoro se presenta como un soporte que ayuda a describir un lugar o un ambiente, porque forma parte de él. En esta función, además de situar al oyente, el efecto contribuye a aumentar la credibilidad del mensaje. Esto sucede, por ejemplo, cuando hablamos del mar y acompañamos nuestro discurso con el sonido de las olas y el trinar de las gaviotas.

> **Función descriptivo-expresiva**
> Esta función se da cuando el efecto sonoro tiene un valor comunicativo propio, aunque no forme parte de la realidad que se está describiendo. Se trata de un sonido que acentúa el valor simbólico del lenguaje radiofónico, ya que, al igual que sucedía con la música, al escucharlo puede despertar en el oyente sensaciones y emociones.

Este sería el caso, por ejemplo, del efecto "trueno", que podría simbolizar el momento álgido de una discusión, o del "rugido de un león", que bien podría representar el enfado de un personaje, o del sonido de un "martilleo continuo", que podría asociarse con un fuerte dolor de cabeza.

➢ **Función narrativa**

Existen efectos sonoros que por sí solos evocan una acción, como la apertura de una puerta, el arranque de un coche o los pasos sobre la arena, por citar tres ejemplos ilustrativos. Estos efectos desempeñan una función narrativa, en tanto que no hace falta la presencia de ningún otro componente del lenguaje radiofónico para explicar lo que esos sonidos representan.

➢ **Función ornamental**

Se presenta cuando el efecto sonoro tiene un valor puramente accesorio y, en esencia, sólo sirve de refuerzo. A diferencia de los efectos en función descriptivo-ambiental, no son imprescindibles para situar al oyente. El sonido de una máquina tragaperras, por ejemplo, no es indispensable para recrear una escena que transcurre en un café. Sin embargo, difícilmente podríamos prescindir del sonido que producen las tazas, las cucharillas, etcétera.

Con independencia del uso que de ellos se haga, a la hora de trabajar con los efectos sonoros en la radio es muy importante no olvidar la marcada tendencia que todos tenemos a asociar un concepto con un sonido, aunque sea por puro convencionalismo cultural. Veamos algunos ejemplos:
- Paso del tiempo (reloj)
- Noche (grillo, búho)
- En la playa (olas y gaviotas)
- En el campo (canto de pájaros)
- Persona en la noche (pasos sobre el asfalto)

## El silencio

En un medio sonoro por excelencia como es la radio, hablar de silencio puede parecer, *a priori*, ciertamente incongruente. Sin embargo, el silencio forma parte del lenguaje radiofónico y, al igual que los materiales hasta ahora tratados, es capaz de expresar, narrar, describir...

El silencio aparece en la radio cuando se produce una ausencia total de sonido, es decir, cuando no hay voz, ni música, ni efectos sonoros, aunque su verdadero sentido sólo podrá ser captado a partir de la relación que la ausencia de sonido guarde con los elementos que la precedan o con aquellos otros que la sigan.

No obstante, la utilización del silencio es muy limitada, ya que, al no estar familiarizado con sus códigos, el oyente ha tendido a considerarlo como una información no deseada, como un fallo técnico, como un "ruido" o como una interrupción de la comunicación. Y es que, en nuestra cultura, existe un marcado temor al silencio y, sobre todo, a aquellas situaciones en las que éste impera: varias personas en un ascensor, una casa abandonada, la sala de espera de un dentista, etc.

El silencio entra en la expresión radiofónica como un elemento más del mensaje. Supone una elección. Y en la elección se encuentra la posibilidad artística, expresiva. De hecho, existen numerosas situaciones en las que podemos hacer uso del silencio, como por ejemplo para representar el estado emocional de una persona que decide dejar de intervenir en un diálogo; o para estimular la reflexión, cuando, ante un tema controvertido, el locutor o locutora realiza un silencio convidando a los oyentes a pensar sobre ello. También interviene en la construcción del tiempo radiofónico, ya que haciendo uso del mismo podemos representar, por ejemplo, lo que en la narrativa audiovisual se denomina una *elipsis*, es decir, una compresión del tiempo.

En el terreno de la publicidad radiofónica, rara vez se recurre al silencio, posiblemente porque se ignora que éste sea un componente del lenguaje radiofónico que pueda significar alguna cosa en un medio como el que nos ocupa. No obstante, existen algunas experiencias que demuestran la utilidad de la ausencia de sonido como reclamo.

Para concluir este apartado diremos que en la radio es importante no confundir el silencio con la pausa, que es también una interrupción del sonido. Sin embargo, mientras que el silencio precisa del contexto para significar, la pausa contribuye a la significación del discurso verbal, al que le da sentido y organiza sintácticamente.

Por otra parte, es importante tener en cuenta que una de las dificultades con las que se encuentra el creador radiofónico cuando utiliza el silencio es la duración del  mismo. De hecho, si es demasiado largo puede interpretarse erróneamente, mientras que si es demasiado corto puede no percibirse. Se estipula que un silencio radiofónico, para resultar efectivo, debe durar entre 3 y 5 segundos

# CAPÍTULO III

## LA VOZ: SU CONTROL Y DOMINIO

La voz es el elemento que lidera a los demás elementos radiofónicos. Conduce el discurso en la radio y da dirección a los programas. La tendencia actual determina que el estilo predominante (y el más recomendable) en la locución radial es buscar cierta naturalidad en el habla, porque genera una impresión de cercanía entre el comunicador y sus oyentes. Mientras más sincero es el comunicador, más simpatía y confianza genera entre sus oyentes, ya que estos buscan un confidente que les cuente la realidad en la que viven, que les hagan sonreír y disperse su mente por un momento. Una voz amiga, natural y sin arreglos funciona mejor que una modulación falsa.

**El ritmo de la voz**
Al igual que la música, la voz es un instrumento que debe marcar un tiempo de ejecución en las palabras. En general, el ritmo se define como la continuidad de la velocidad que se usa al hablar. Es la relación entre los acentos y las pausas y crea la cadencia o pulsación y está relacionado con la velocidad del habla. Los contrastes en el ritmo tienen gran importancia para dar expresividad y sentido a las palabras y retener la atención del escucha.

Una persona de excitable temperamento habla siempre a un ritmo apresurado y una tranquila lo hace más lento; el entusiasta pero reflexivo a la vez, puede variar su ritmo para demostrar la intensidad de sus convicciones o la profundidad de sus sentimientos. El ritmo es el tiempo que se emplea en emitir los sonidos, es decir, la velocidad en el desarrollo del discurso, el cual debe contener agilidad y alternancia con el objetivo primordial de despertar el interés y el disfrute del oyente.

**Flexibilidad en el ritmo**

Son los matices significativos y emocionales de los que depende una pronunciación exacta y agradable, donde tiene que ver necesariamente la velocidad. Los que hablan con mucha velocidad fatigan o cansan al radioescucha y aquellos que lo hacen muy lento también, así que la velocidad deberá ajustarse al tipo de mensaje que el locutor/a desee transmitir.

La rapidez en general es un obstáculo para la buena dicción. La velocidad entonces, debe adecuarse al tema, al estilo del programa, al auditorio y al valor de las ideas que quieran destacarse. La pausa, que sirve para puntuar los pensamientos, así como la coma, el punto y coma y el punto seguido o final sirven para separar las palabras escritas en grupos de pensamientos e ideas; las pausas de distinta duración fonética nos ayudan a separar las palabras habladas en unidades que al final, en conjunto, tienen un significado.

La impresión de sonido en la cabina de locución tiene un ritmo que va marcado por la emotividad que se quiere trasmitir. Si se usa un ritmo pausado, se demuestra tranquilidad, calma, paz, lo que es perfecto para locuciones que aludan al romance, la educación y géneros periodísticos como los de opinión. Mientras que si se utiliza un ritmo rápido transmite alegría, diversión, prisa; esto funciona muy bien para magazines, programas musicales, entre otros. En ciertos casos como en las noticias un ritmo acelerado ahorra tiempo al programa y no refleja ningún tipo de emotividad.

El ritmo de la locución en ocasiones se usa para alargar o reducir una transmisión. El locutor no debe regir su ritmo a tiempos sino al intento de trasladar sentimientos a su audiencia. Es decir, el estado afectivo que se inserta en el público objetivo; va relacionado con los temas o contenidos del programa.

En la comunicación radiofónica se puede marcar el ritmo ya sea en base a la música de fondo o a la velocidad de conversación. Si un locutor no sabe llevar el ritmo de la música de fondo en su locución es preferible que hable sin música de fondo y que marque su propio ritmo. La locución sin música de fondo marca su ritmo de acuerdo al contenido de las palabras que se dicen o se leen.

El comunicador radiofónico debe conocer el tema sobre el que habla o lee para poderlo explicar a su audiencia y, espontáneamente, crear una velocidad de locución. Por el contrario, las muletillas son un signo que evidencia la falta de conocimiento sobre el tema expuesto. Si un tema es muy complejo para explicar a la audiencia, es preferible usar silencios que permitan encajar las ideas, en vez de tapar los vacios de la locución con palabras como "este", "eh", "mmh", etc.

El comunicador radiofónico es el encargado de usar la velocidad óptima que permita la comprensión de lo que habla o lee, ya sea en seco o con música de fondo, para así complementar su tema con el ritmo que use y no entorpecerlo.

**La articulación**

Las cuerdas vocales por sí solas no emiten sonidos, por lo que necesitan de cavidades de resonancia, así como los instrumentos de cuerda necesitan una caja para emitir el sonido. Ese sonido muy débil producido en la laringe por la vibración de las cuerdas vocales, pasa por unas cámaras de aire situadas en la garganta y en la cabeza, que actúan como resonadores; estas cavidades de resonancia son la parte superior de la laringe, la garganta o faringe, la boca y las fosas nasales. Dichos resonadores amplifican el sonido y modifican el timbre, haciéndolo melodioso o chillón.

Hablar no es solamente emitir sonidos y mover la lengua. Cuando hablamos y cantamos interviene todo nuestro cuerpo. Nuestra voz es el final de un proceso en el que cuenta desde la manera de pararse o sentarse hasta la posición de la cabeza. En la correcta emisión sonora, con nuestras cuerdas vocales vibra todo el cuerpo, se proyecta nuestra personalidad. Sin embargo, de manera especial actúa el mecanismo de fonación compuesto por los siguientes elementos:

- ✓ El sistema respiratorio.
- ✓ El diafragma.
- ✓ Las cuerdas vocales.
- ✓ La garganta.
- ✓ La lengua.
- ✓ Los maxilares superior e inferior.
- ✓ La dentadura.
- ✓ Los labios.

## Claridad en la articulación

Es la transparencia y nitidez que se logra mediante la acción del maxilar inferior, de la lengua y de los labios. Sólo con el uso diestro y enérgico de los músculos que mueven estos miembros obtendremos una dicción bien definida. Se necesita dejar el tiempo suficiente para que cada sonido pueda ser percibido con claridad en lugar de "amontonar" los sonidos que se sobreponen.

Hablar despacio al principio y luego que el maxilar, la lengua y los labios tengan mayor flexibilidad y precisión se podrá aumentar la velocidad.

## Impresiones o características sonoras

La intensidad o volumen es equivalente a la energía con que se expulsa el aire acumulado en los pulmones; la acción en si misma hay que encontrarla en la determinación del cerebro, de ejecutar dicho impulso neuromotriz a través del llamado nervio recurrente que tiene incidencia en el diafragma y las cuerdas vocales.

La intensidad es el nivel sonoro de las palabras y por supuesto es variable, cada ser humano puede variar su volumen según el contexto donde se encuentre. Una voz llega más lejos cuanto más intensa y más aguda es, gracias a la frecuencia de las vibraciones.

Se puede de tal forma, graduar con pequeños matices diferenciales, la intensidad o volumen de la voz.

Si queremos dar una impresión de alegría, aumentaremos la fuerza de la voz; si hablamos en voz baja denotaremos inseguridad, temor.

El mayor o menor grado de intensidad al emitir los sonidos, contribuye a mantener el interés del oyente y permitir una modulación acorde con el tema difundido. Cada discurso emitido debe reflejar una carga emocional que le permita impresionar con los acontecimientos narrados a la masa receptora del mensaje radiofónico.

La intensidad, por supuesto, influye en el estado de ánimo o el contexto social que se presente en el momento. Las variaciones en la intensidad son muy adecuadas para expresar actitudes emocionales y representar aspectos relativos y variables de la personalidad o carácter de un individuo.

**El tono**
Varía según el número de vibraciones; este número depende del diámetro y de la longitud de las cuerdas vocales, así como el material de dicha cuerda y de su grado de tensión y puede ser grave o agudo, a mayor longitud de las cuerdas vocales se produce un sonido agudo, por el contrario el tono grave se debe a menor longitud en dichas cuerdas.

El tono o la entonación al igual que la intensidad, es variable, es decir, puede elevarse, bajar o mantenerse igual. Todo dependerá del estilo de programación de cada emisora de radio.

La entonación hacia arriba sugiere interrogación, indecisión, incertidumbre, duda o suspenso; la descendente sugiere firmeza, determinación, certeza, decisión y confianza; puede darse el caso de subir y bajar rápidamente, como ocurre en nuestras conversaciones cotidianas. En el acontecer diario decimos muchas veces, "no me gustó el tono como me habló". Por eso el tono es la peculiar manera de decir las cosas, es ahí donde se refleja la expresividad de la palabra, el sentimiento íntimo del emisor, ejerce como un regulador entre el sentimiento y la expresión entre lo que sentimos y lo que decimos.

Las distintas inflexiones que hacemos al leer o hablar y las variantes en la altura o  intensidad del tono de la voz, que hacen agradable y ameno al oído el lenguaje hablado, es lo que se conoce como entonación. Tiene tanta importancia el entonar correctamente, que sin ese elemento utilizado en forma racional, prácticamente no existe la interpretación, y si no se interpreta, la lectura no tiene valor y por ende la locución es incorrecta y el mensaje no llega al receptor.

## El timbre

Está compuesto por el tono fundamental más la combinación de sonidos acordes y se relaciona directamente con las condiciones específicas de cada individuo. La mayor parte de las personas puede ser reconocida por su voz.

Sus cuerdas vocales, su aparato resonador, su constitución anatómica, su situación anímica, en determinado momento van a darle carácter único al sonido de cada persona y distingue a una de otra. Es invariable por ser la identificación sonora de cada persona, es decir, es la tarjeta de presentación oral de cada individuo, o dicho de otro modo, su cédula sonora de identificación.

Es la representación sonora, particular, propia de cada sujeto en particular; a través de tal impresión sonora se puede identificar cualquier personaje, sin necesidad de observarlo directamente. Al escucharse un sonido sabemos de inmediato de qué o de quién se trata. El timbre es la identificación particular de cada sonido en propiedad de las personas o cosas materiales. Es decir, que el timbre nos permite distinguir la voz de un ser humano de otro, así como poder diferenciar el sonido entre un violín y una trompeta. Cada uno en su contexto físico da origen a sonidos distintos.

El timbre hace que la voz de cada individuo pueda percibirse como: acogedora, dulce, seria, natural, directa, suave, resonante, brillante, clara, inteligible, limpia, delicada y con mucha presencia personalista.

## Melodía

Son los acordes musicales implícitos en la voz de cada ser humano, es decir, la tonalidad musical que emitimos naturalmente al hablar. No puede confundirse con la sonoridad expresa del dialecto, porque sólo se trata de la particularidad sonora de cada individuo.

A través de tal musicalidad, nos escuchan de manera agradable o no, de allí, se origina la expresión del oyente o escucha cuando señala que esa persona "habla agradablemente" o por el contrario su timbre molesta o perturba al oído.

La melodía no puede ser lineal, su variabilidad va a depender del aparato de fonación de cada uno de los emisores, lo importante es que esa musicalidad debe ser percibida como una sola entidad, aunque incluya cambios en sus acordes o tiempo en su ritmo. La melodía, es muy compleja, porque se requiere colocar en las palabras, lo que de manera descriptiva sería más simple y comprensible, por lo tanto, la melodía en su música es lo que la oración es a la comunicación verbal.

La melodía, no emite palabras, sino a cada una de ellas les imprime una musicalidad que refleja plenamente la personalidad de cada individuo. La melodía describe la sonoridad musical de cada locutor o locutora y debe transmitir sensaciones de credibilidad, seguridad, tranquilidad y veracidad.

## Dinámica

Es el aspecto que engloba la paralingüística de la voz humana, es decir: la intensidad, la tonalidad y el timbre con su ritmo y melodía. La dinámica es un efecto exterior de sí misma que debe ser percibido fácilmente por los demás. Por consiguiente, en ella influye interiormente el funcionamiento de la mente y cuerpo como un todo o una unidad. La conducta y el pensamiento son una característica de cada locutor o locutora que debe saber proyectarlas a través de su voz.

## La dicción

La unión acertada y adecuada de todos los elementos que hemos analizado hasta ahora (respiración, articulación e impresiones sonoras) dan como resultado una buena dicción, elemento básico e imprescindible para dirigirse al público y más si es a través del micrófono que, recordemos, no es un mero reproductor de los sonidos, sino más bien un amplificador, una especie de lente de aumento; si hablamos mal cotidianamente imagínense lo que puede pasar a la hora de utilizar este importante invento, que por muy pequeño que sea, no perdona los errores fonéticos.

Los comunicadores radiofónicos deben ser muy cuidadosos al pronunciar cada una de las palabras. Deben evitar emitir palabras incompletas. Por eso es conveniente que quien esté dispuesto a dirigirse al público practique diariamente su dicción hasta conseguir una articulación nítida, en cada letra, que se escuche claramente, la vocalización debe ser cuidadosa, abrir bien la boca al hablar sin dejar caer la voz al final de la frase.

## Importancia de la respiración en la emisión de la voz

La voz depende, sin lugar a duda, en gran medida de que el emisor pueda respirar bien, lo cual ayudará no sólo a atenuar o suprimir su tensión nerviosa, sino que le permitirá además disciplinar su voz y poder variarla a su antojo en intensidad, expresión y entonación, así como graduar los ritmos y pausas de los que ya hemos hablado con anterioridad, y que son aspectos necesarios en la comunicación oral.

Una buena voz, además de proyectar una imagen favorable del locutor/a) en este caso particular, contribuye a que éste pueda presentar sus palabras en forma más interesante y significativa.

El locutor/a debe saber hacer uso de la respiración diafragmática. Esto significa una inhalación profunda con dilatación del diafragma y una exhalación lenta acompañada de una contracción del diafragma. Este músculo abdominal debe actuar como un fuelle que aspira y empuja el aire.

Es necesario comentar que la voz tiene la mayor capacidad para impactar mucho más que la palabra impresa. La vitalidad de la radio reside en las características generales de la voz y en la diversidad de esas voces que utiliza para difundir su programación.

**El dominio de la voz**
Todo comunicador radiofónico debe controlar y dominar su voz. Para ello, debe conseguir respirar correctamente, porque la mayoría de los problemas que se presentan a la hora de hablar en público tienen su origen en una respiración inadecuada o insuficiente.

La causa inmediata de una respiración defectuosa es orgánica y se manifiesta en tensiones musculares que, a su vez, proceden de causas psíquicas. Por ello, cuando hablamos durante cierto tiempo seguido, nos cansamos con facilidad, sentimos opresión en el pecho o enronquecemos. Esto puede ocurrirle hasta los profesionales y personas acostumbradas a hablar en público, si no tienen en cuenta los siguientes principios:

- ✓ **Que el aire sea abundante**. El aire nos faltará si hay tensión en las fosas nasales y en la garganta, si hay estrechez, el aire tendrá problemas a su salida.

- ✓ **Que tenga una base sólida**. Si el vientre y la espalda no se han dilatado bien, fallará esta base.

- ✓ **Que la columna de aire sea constante**. Lo importante es que el aire no se nos vaya todo en una palabra, sino que lo soltemos poco a poco y conservemos bien ensanchadas las fosas nasales.

- ✓ **Que salga sin impedimentos por la nariz**. Es necesario que ésta vibre un poco cuando hablamos, que las palabras salgan como "sopladas" que los pómulos estén altos y las comisuras de los labios relajadas.

✓ **Quitar las tensiones del pecho, los hombros y los omoplatos,** ya que acortan la capacidad torácica.

Cuando hablamos de una buena respiración, nos referimos, en general, a la diafragmática, por ser la más completa, ya que aprovecha totalmente la capacidad pulmonar. Al respirar se usa el diafragma, ese músculo ancho que separa la capacidad del pecho de la del vientre, y hace funcionar los músculos abdominales. Si queremos conseguir un control absoluto de nuestra voz hemos de tener en cuenta lo siguiente:

- **Ser un poco actores:** no podemos gesticular, sonreir ni fruncir el ceño para destacar algo o darle un significado especial, sino que hemos de proyectar la voz, con naturalidad, pero más que en la vida real.

- **Mostrarnos y mantenernos interesados:** la voz descubrirá nuestro estado de ánimo y la reacción que nos produce la información que estamos transmitiendo; si lo consideramos aburrida, si no nos importa en absoluto,... Si tratamos de pensar que el programa es realmente interesante, daremos un nuevo estímulo a nuestra voz.

- **Acercarnos al oyente:** hemos de cuidar el tratamiento del tema, la forma de enfocarlo y la manera de exponerlo. La voz sonará tanto más familiar y cálida cuanto más interesante y conocido resulte el tema. Además, transmitiremos la información con más seguridad y daremos el énfasis adecuado a nuestra voz, si sabemos ponernos en lugar del oyente.

- **Cuidar la voz:** es importante que la voz suena clara, limpia, sin ruidos. Hemos de tener en cuenta que podemos dañarla al aclararnos la garganta violentamente, al gritar, o al fumar demasiado.

En toda expresión vocal si se quiere lograr un fuerte impacto en el eficiente manejo del aire y por ende el de la voz, para conseguir el éxito al proyectarla, es necesario cultivarla o educarla. Debe saber que gracias a la constancia y disciplina puede lograr el triunfo. Por lo tanto, los locutores y locutoras aunque tengan el don de la voz, si no se someten a una buena disciplina de ejercicios para mejorar la emisión vocal, nunca podrán proyectarla con eficiencia.

**Tipos o estilos de narración**

Vamos a explicar a continuación algunos tipos, estilos de narración y el modo de actuación de los comunicadores radiofónicos ante las mismas.

> ### *La narración de la noticia*
>
> El locutor o locutora debe saber que la voz humana se convierte en protagonista de la información radiofónica tanto como la información que difunde. En los medios audiovisuales se percibe la voz en primer plano mientras que el resto del sonido queda en el fondo, por lo tanto, un narrador o narradora de noticias debe entre otras cosas, disponer de una cultura especializada, tener conocimiento de la realidad nacional e internacional, de la geografía e historia contemporánea. No puede estar sin conocer el desarrollo de la política en el panorama mundial.
>
> Se ha de disponer del conocimiento de la correcta pronunciación del idioma extranjero. Ha de ser un especialista, culto en su profesión, polivalente en su ejercicio actoral. Tiene que ser claro en su mensaje, objetivo, preciso. Es prudente evitar inflexiones violentas que den pie a confusiones, y evitar toda tentación a la gritería y estridencia.
>
> El narrador/a debe tener presente que saber matizar puede darle emotividad a su mensaje para ser aprehendido por el auditorio. La narración de la noticia es el género objetivo por excelencia. Tiene el deber ineludible de conocer en

profundidad su país y el lugar donde se produce la noticia; por qué se produce y qué causas la origina. Por ello debe dar un repaso previo al hecho noticioso que ha de leer a su auditorio.

Asimismo debe procurar estar consciente de lo que ha leído y jamás emocionarse por la trascendencia de su contenido. No basta con leer excelentemente una cuartilla informativa o un guión de producción radiofónica si no ha sentido internamente lo difundido.

La noticia cuando es noticia es la expresión más próxima a la inmediatez e instantaneidad en la radio, si la radio no lanza al aire la noticia rápidamente no vale la pena que la obtenga, es por ello que el comunicador radiofónico debe proponerse ofrecer los detalles más resaltantes de los acontecimientos de nuestra sociedad, de una manera real, sencilla y con la fuerza de la realidad.

Si el comunicador no está compenetrado con el estilo de redacción y no vive o siente cada información independientemente, se pierde el esfuerzo comunicacional porque el oyente no recibe el mensaje. Los locutores deben poseer las condiciones necesarias para transmitir lo informativo, cultural, comercial, deportivo, humorístico y musical, sin atropellar el contenido fonético de lo que expresan. Lo importante es transmitir un mensaje de la forma más sencilla y por ende cuando se lee un texto a través del medio radiofónico, debe hacerse de tal manera que el receptor no capte que se está leyendo.

Se da en este aspecto lo que en el medio de comunicación social se conoce como radiogenia (capacidad del locutor/a de entrar en sintonía con el propio medio y por ende con el receptor) es decir, debe darse la empatía, el carisma, la imagen y lo agradable. La empatía enlaza al emisor con el radioescucha porque enriquece bidireccionalmente lo expresado y lo captado. Significa esto que pese a no poseer el locutor/a una voz de radio, logra comunicarse con el auditorio.

Lo más importante en todo esto para el comunicador que difunde el mensaje, es tener presente que lo transmitido debe vivirse y personalizarse separadamente y recordar que su voz puede animar o no al radioescucha. El locutor/a tiene el poder de atraer al oyente e inyectarle la sensación de hacerlo partícipe del suceso informativo, musical, deportivo, cultural y educativo que promueva a través del uso de las ondas radiofónicas.

Igualmente ha de ser sereno para no inducir al sensacionalismo y estimular el pánico. La preocupación o pacificación provocada en el oyente por la difusión de una noticia sobre un acontecimiento grave, depende mucho más de la serenidad o nerviosismo de quien la emita que de las palabras textuales que pronuncie.

En la radio la personalidad de quien transmite el mensaje se materializa exclusivamente a través de la intensidad, tonalidad y timbre de su voz. Es la imagen acústica de quien habla la que recibe el radioescucha. A través de su personalidad sonora el oyente se imagina los rasgos humanos del emisor sin importarle la realidad.

En conclusión un buen comunicador radiofónico de noticias revisará minuciosamente la información que va a leer, para entenderla a la perfección. Cuando por alguna circunstancia o urgencia deba improvisar, necesariamente debe hablar con un ritmo pausado para evitar equivocaciones.

Todo comunicador radiofónico debe tomar en cuenta el elemento o valor de la objetividad, es decir, debe estar consciente de los factores de claridad y precisión en la noticia narrada, ya que si modifica algunos de estos aspectos podría diluirse o esfumarse la credibilidad de la información difundida.

> *La narración deportiva*

Es una de las facetas o roles de mayor complejidad dentro del medio radiofónico, porque además de poseer el locutor/a la voz especial para ese estilo narrativo debe conocer a profundidad el deporte a transmitir. Puede decirse que la narración deportiva tiene características específicas para cada uno de los temas a desarrollar a través de la radio.

La narración deportiva es tan compleja que toma a veces algunas técnicas de la descripción y la animación. Un buen narrador/a deportivo debe proyectar y hacer sentir al auditorio la emoción y el entusiasmo que se vive en la cancha, gimnasio, estadio y complejo deportivo. La narración tiene como fundamento el movimiento; los deportes, por lo general, tienen acciones consecutivas que se desarrollan con gran velocidad.

Sin embargo, es conveniente saber que el mejor narrador/a no es el que más rápido habla, ni quién más grita sino aquél que con un lenguaje claro y con una pronunciación ágil y nítida, logra transportar al radioescucha al escenario deportivo y hacerle partícipe del juego o de la competición sin más exageraciones subjetivas.

## Sugerencias para los comunicadores radiofónicos

Para ser un buen profesional del micrófono se sugiere aceptar y aplicar en su labor diaria, por lo menos, los siguientes consejos extraídos de la teoría, experiencia y práctica de la locución universal:

- ✓ Recuerde siempre utilizar las herramientas adquiridas en sus estudios para mejorar constantemente la voz y aprender a controlar la respiración.
- ✓ Protéjase del clima frío para evitar la resequedad de la garganta y producir el rudo del carraspeo.
- ✓ Ejercite sus cuerdas vocales en las mañanas, hable siempre, abra y cierre la boca, mueva circularmente la lengua y observará como libera la tensión de los labios.

- ✓ Practique la respiración diafragmática y no sufrirá por falta de aire al momento que habla.
- ✓ Siempre hable de frente al micrófono, trate de mantener la intensidad de la voz y no mueva la cabeza hacia los lados.
- ✓ Procure mantener la distancia ideal ante el micrófono.
- ✓ Preste atención al timbre de voz para que sea más agradable al oyente.
- ✓ Cultívese culturalmente para que pueda abordar los temas con fluidez y coherencia, porque el éxito no está únicamente en la voz, sino en la conjunción del talento, la voz y el dominio de una cultura general.
- ✓ Aprenda a respetar los signos de puntuación en la lectura para respirar mejor y darle sentido a las palabras pronunciadas.
- ✓ Es recomendable no fumar ni ingerir bebidas alcohólicas.
- ✓ Practique la lectura en voz alta sin llegar a la estridencia y respete los signos de puntación (coma, punto y seguido, puntos suspensivos, punto y aparte) para darle a la voz una agradable entonación.
- ✓ Lea textos literarios para mejorar la dicción y ejercite constantemente la articulación de las palabras.
- ✓ Aprenda a pronunciar todas las palabras de una frase y todas las letras de una palabra.
- ✓ Tenga la habilidad necesaria para corregir rápidamente un error en la escritura, antes de emitir la palabra al micrófono.
- ✓ Domine un esquema o estructura personal para cuando le toque improvisar sobre un tema específico.
- ✓ Aproveche su área visual para adelantarse a la lectura y evitar cometer los errores radiofónicos, mejor conocidos como baches (espacios vacíos en la programación radial).
- ✓ Domine su velocidad (ritmo) al hablar y mantenga siempre el interés de la audiencia, no hable demasiado rápido ni con demasiada lentitud.
- ✓ Realice a diario los ejercicios necesarios para proyectar de excelente manera su voz.
- ✓ Tenga confianza en sí mismo/a y evitará o perderá el miedo al micrófono.

- ✓ Recuerde que en la actualidad se busca más la voz viva, intensa, comunicativa, natural y no la tradicional voz impostada.
- ✓ Debe poseer las cualidades de un compositor, de un escritor, de un creativo y dominar las técnicas de la radiodifusión.
- ✓ Tenga presente que todo locutor/a tiene el deber elemental de cuidar su forma de expresión lingüística.
- ✓ Si al emitir un mensaje comete una equivocación es de sabios corregirla. Lo ideal es no cometer errores pero al final somos humanos.
- ✓ Sea ético y por ende muy cuidadoso en su vida pública y privada, recuerde que puede ser una imagen a seguir por la comunidad a la que aporta su profesionalidad.
- ✓ Sea un profesional especialista en cualquiera de los roles o facetas de la locución, no trate de convertirse en un hacedor general de la radiodifusión.
- ✓ No diga nada engorroso ante el micrófono, siempre debemos asumir que el aparato puede estar abierto y nuestras palabras pueden ser oídas por el auditorio.
- ✓ Asuma su responsabilidad como ente orientador de la audiencia que lo sigue día a día en su programa.
- ✓ Practique constantemente para que pierda el miedo escénico. No le tenga MIEDO al miedo escénico. Vénzalo. Dominar el miedo escénico da seguridad al comunicador radiofónico.
- ✓ Trate de no convertirse en un simple obrero o empleado de las empresas radiofónicas, recuerde que usted es un profesional.
- ✓ Aprenda a equilibrar su óptica de rentabilidad económica con la rentabilidad social.
- ✓ No se preocupe mucho por su voz; si bien es cierto que existen voces más agradables que otras, lo importante es cómo se emita. Preocúpese mejor, por articular, vocalizar y respirar adecuadamente.
- ✓ Mientras se mueve, procure no golpear el micrófono, no dar golpes en la mesa, no hacer ruidos innecesarios para no empañar la estética del programa.
- ✓ Cuando esté en su trabajo olvide sus problemas personales, pues sus sentimientos se reflejan en su voz.

✓ Escuche grabaciones de sus transmisiones para que detecte en qué palabras suele equivocarse; una vez que las identifique, elabore una lista de ellas y repítalas muchas veces hasta que las domine.

✓ Siga practicando a diario y poco a poco vas a notar como cada vez lo hace mejor.

✓ La locución es un arte, por lo tanto, debe aprender a ser un artista sólo con la utilización de su voz.

✓ Sea natural, sencillo y espontáneo, veraz en lo que dice sin caer en el relajo, en faltar el respeto y la chabacanería.

✓ Tenga estilo y talento, sea consciente de su compromiso con el público, independientemente del tipo de programa.

✓ Defina el tipo de público al cual quiere llegar. Para ello debe tener seguridad en sí mismo y en su público.

✓ Trate de transmitir en todo momento a la audiencia, sentimientos como: entusiasmo y alegría.

✓ Es importante aspirar el aire por la nariz, nunca hacerlo por la boca. Trate siempre que la respiración sea silenciosa para que no la capte la sensibilidad de los micrófonos.

✓ Trate de auto guiarse y auto corregirse a través de la práctica constante para que pueda alcanzar el éxito como profesional del micrófono.

✓ Cultívese cada día y logre la excelencia.

## Consideraciones finales

El comunicador radiofónico debe ser extremadamente cuidadoso y respetuoso con sus oyentes. Para que esfuerce y supere su trabajo, debe recordar siempre que tiene un público que confía y que cree lo que le dice. Obviamente no se puede traicionar esa confianza.

La locución es el complemento principal de los medios de comunicación, es el transmisor de opiniones y sentimientos que le dan ese toque humano. Vale la pena destacar que aún cuando exista una política de programación por parte de la dirección de las emisoras de radio y todo un equipo de profesionales que se desempeñen diversas tareas, el locutor/a es la persona que se enfrenta al público y por consiguiente pasa a ser un miembro más de la familia de los oyentes y por ende puede o no influir en cada uno de los hogares.

La comunicación radiofónica puede perder todo su valor si a través de los micrófonos se presenta un individuo sin la debida preparación, es decir, un conductor que carezca de buena dicción, capacidad de improvisación y oratoria que se refleje negativamente en la difusión del mensaje. Los problemas de pronunciación que tienen algunos locutores y locutoras se deben a una deficiente vocalización o articulación de los sonidos. La velocidad en la lectura o el miedo escénico son las excusas más comunes cuando se cometen errores, pero la verdad es que sus músculos resonadores están muy rígidos por falta de entrenamiento o ejercicios fonéticos.

Para ser un buen comunicador radiofónico hay que tener mucha "autoestima" que es el complemento de tres componentes importantes en el ser humano, a saber: cognitivo, emotivo y evolutivo. La locución es un excelente vehículo para comunicarse con públicos masivos y ser intermediario de sus inquietudes, además permite generar contenidos para mejorar el nivel de información, cultura y capacitación de sus radioyentes. La locución es una técnica y un arte. El comunicador debe tratar de darle calor humano, emoción y mucha naturalidad al mensaje que transmite, todo dentro de un marco informativo y contextual acorde a la realidad del escucha.

## La utilización correcta de la palabra

El correcto uso del lenguaje es un compromiso ineludible para todo profesional de la comunicación. Los menos preparados, los poco hábiles y quienes carecen de experiencia, se afanan ante el micrófono por imitar a quienes consideran los mejores o más famosos, o bien se esfuerzan en dejar constancia de su identidad mediante un lenguaje hinchado, construcciones sintácticas pretendidamente originales, entonaciones afectadas y expresiones, giros y muletillas que les sirven de imagen de marca.

# CAPÍTULO IV

## LA INFORMACIÓN RADIOFÓNICA

**La información** es un proceso humano mediante el cual un emisor transmite a un receptor un contenido, una información. El hecho de usar el canal radio para transmitir la información influye en la definición de información en el campo radiofónico. Los datos, hechos... son iguales. Varia la forma de seleccionar, redactar y valorar la información conforme al medio.

La radio está sometida a unas servidumbres a las que la prensa no: el texto no se puede volver a oír otra vez. Por eso la forma de redactar varía mucho. En el momento de emisión de esa pieza, el oyente debe entenderla, por tanto, a la primera. El género básico de la información es la noticia, que tiene en la radio características peculiares en relación con la prensa escrita y la televisión.

**Las condiciones de la noticia**
Una noticia debe tener las siguientes condiciones:
- ✓ Veracidad.
- ✓ Novedad.
- ✓ Actualidad.
- ✓ Interés general.

Y debe responder a las siguientes interrogantes:
- ¿Quién?
- ¿Qué?
- ¿Cuándo?
- ¿Dónde?

- ¿Cómo?
- ¿Por qué?

**Características del tratamiento de la información en la radio**

> **La temporalidad:** el hecho de tratarse de un medio en el que la temporalidad tiene mucho peso, influye en la linealidad del discurso (en una única dirección, que se tiene que seguir). El discurso está secuencializado, es irreversible (no hay la opción de volver a escuchar) y es fugaz (los mensajes tiene una escasa permanencia en antena).

> **La alta penetración:** tanto temporal como espacial. Temporalmente, la radio es un elemento de presencia constante, las 24 horas del día. Y también alta penetración espacial, porque la radio tiene una presencia ubicua: se puede escuchar en cualquier momento y en cualquier situación.

> **La rapidez:** en dos aspectos: en el acceso a la información y en la transmisión de la información.

> **El acceso:** por parte del oyente, que se entera rápido de las cosas, más rápido que a través de otros medios. En este aspecto, cada vez más, la radio está siendo suplida por Internet.

> **La transmisión** de la información: prácticamente en todas partes hay rapidez de acceso. De la rapidez se derivan:

  - La inmediatez: cuando se están produciendo los hechos, o unos pocos minutos después. Las últimas horas son de obligada atención. Si ocurre algo a última hora debemos hacer un flash. El ayer en radio no existe. Tiene sentido actualizarlo.
  - La simultaneidad: la radio tiene la posibilidad de narrar los hechos al mismo tiempo que se producen.
  - La instantaneidad del medio: uno de los PROBLEMAS para el comunicador radiofónico a la

hora de trabajar con esa instantaneidad es caer en el error. La premura puede hacernos caer en el error, muchas veces porque no se contrastan los datos por falta de tiempo. Ante esta situación hay que ir con mucho cuidado.

Cuanto mayor es la DENSIDAD de información, más posibilidad de caer en el error hay. Hay que hacer una selección y un esfuerzo de síntesis, porque el dar más datos de un hecho en radio puede llegar a confundir e inducir a interpretaciones erróneas.

La función de la radio no es dar todos los hechos, sino informar lo más rápido posible de lo que haya pasado. El concepto de densidad de la información es muy importante: no por más datos que demos informamos mejor. Hay que escribir siempre para el oído. Escribir para ser escuchado, y no para ser leído es fundamental.

**Características y eficacia de la información radiofónica**
Además de las características generales que se le pueden exigir a la información en cualquier medio, la radio debe explotar sus propias características (el alcance, la cercanía, la rapidez, fácil accesibilidad...). Además, la radio incrementa su índice de credibilidad si se acerca a los intereses de la audiencia.

Para que la información sea efectiva, se debe tener en cuenta el nivel de interés que pueda despertar en los oyentes, la capacidad de sorpresa que pueda generar y su grado de exclusividad respecto a otros medios. También es un factor importante la relevancia de quien comunica la noticia.

**Condicionamientos de la noticia en la radio**
La estructura de una noticia en la radio cambia debido a los siguientes condicionamientos:

✓ El tiempo: tendencia a la inmediatez. En cualquier caso, predominio de lo más reciente. Un suceso de mediana envergadura que se produce ahora mismo y se comunica en directo cobra mayor valor que un acontecimiento más relevante ocurrido hace horas. La actualidad influye decisivamente en dedicar mayor o menor extensión a una noticia.

✓ El lenguaje: concisión, frases cortas. En la radio hay que preferir el presente al pasado, el relato a la exposición, la activa a la pasiva. Está permitida la reiteración. En ocasiones es obligada para facilitar al oyente puntos de referencia.

✓ La voz: la noticia pura requiere una redacción despersonalizada. En la radio, no obstante, la voz del comunicador añade un elemento personal y diferenciador. Permite además la utilización de énfasis, pausas y cambios de ritmo en la lectura.

✓ El sonido complementario: aunque la noticia por sí misma es un género que carece de elementos añadidos, en la radio admite complementos que no desvirtúan su neutralidad, siempre que no se seleccionen precisamente para cambiar el sentido de los hechos narrados. Las declaraciones de protagonistas, testigos, personajes o portavoces que amplían datos (no confundir con entrevistas) son una parte más de la noticia contada por el informador.

Otro complemento son los recursos sonoros (ráfagas) que separan noticias o bloques de noticias. Deben ser neutros y breves, y no debe incluir voces, salvo en caso de los indicativos del programa o la emisora.

La actualidad como elemento primario de la noticia radiofónica, desaconseja siempre el inicio de la misma en términos pretéritos. No debe decirse "ayer ocurrió tal cosa", aunque no se haya conocido el hecho hasta ahora y por tanto sea nuevo. Hay que actualizarlo buscando lo más inmediato y situando después el hecho en su momento. Por ejemplo, en lugar de decir "Ayer llegó a París fulano de tal", se puede expresar así: "Fulano de tal se encuentra en París"

La mención de frases de otras personas debe tener siempre identificación previa. Es confusa la fórmula (muy frecuente por cierto) de comenzar un párrafo o una noticia con una declaración literal, pues el oyente (que obviamente no ve el entrecomillado) puede atribuir esa manifestación al informador. Por ejemplo, la construcción: "No podemos continuar por más tiempo en la Organización Atlántica" ha dicho XX, debe sustituirse por: XX ha dicho "no podemos continuar por más tiempo en la Organización Atlántica".

**Fuentes informativas en la radio**
Los medios de comunicación tienen que difundir noticias y no rumores, pero para hacer pública esa noticia, es un paso imprescindible contrastarla y verificarla mediante la consulta a fuentes informativas que nos permitan corroborar o desmentir ese rumor.

Hay que consultar a todas las fuentes que tengan algo que decir sobre el hecho y hay que citar las fuentes que tengan validez o que formen parte de la polémica que se trate. Cualquier medio de comunicación trabaja con fuentes propias. No trabaja solo con las noticias de otros medios, pero si no tenemos fuentes propias, esa contrastación es más necesaria.

Todas las fuentes son valiosas en sí mismas y por contraposición a las demás, ninguna es válida por si misma porque su posición le lleva a enfocar el hecho del modo en que más le afecte. La selección de fuentes propias es importante porque ayuda a evitar la reiteración de las fuentes y por tanto permite una información más veraz.

Por otra parte, hay que tener en cuenta que hay fuentes que el público va a considerar más fiables que otras, hay fuentes con cierto prestigio y que tienen un nivel alto de persuasión ante el público y hay otras que obstaculizan esta percepción.

Existe otra manera de clasificar las fuentes:

> **Fuentes propias:** los propios periodistas de un medio, pero también pactos del editor con otras empresas. Corresponsales.

> **Fuentes institucionales:** ámbitos de poder político, social, económico...que tienen sus propios gabinetes de comunicación y se encargan de  ofrecer información de sus actividades. Las agencias de noticias también pertenecen a este tipo de fuentes, porque se trata de empresas vinculadas a grupos multimedia con intereses propios o porque están subvencionados por el Estado.

> **Fuentes espontáneas:** son sectores de la sociedad que saltan a un  medio porque hay un conflicto entre ellos y aluna organización con poder. No suelen estar organizados y su acceso a los medios es difícil. Su valor como fuente está en que contrapesan las decisiones con las que si tienen poder y manifiestan la opinión de ciudadanos.

> **Fuentes confidenciales y/o anónimas:** son líneas de comunicaciones muy escasas y por lo tanto muy apreciadas, pero suelen estar relacionadas con el poder y por ellas se puede conseguir información que de otro modo sería imposible de conseguir. Son personas que llaman a los medios y que dan información pero no se dan a conocer. Si el jefe de sección pide que identifiquemos la fuente evidentemente no podemos.

## El concepto de actualidad

Hay que tener claro qué es. No es lo que está ocurriendo hoy. Es lo que actúa de forma palpable, vigente, sobre la conciencia hoy. Actualidad también son cosas que han ocurrido hace unos días y hoy tienen una repercusión. El concepto de actualidad no es igual en todos los medios. En radio, la periodicidad es de una hora como máximo, o de escasas horas, a veces, de un boletín a otro.

**Tipos de actualidad**
Hay dos tipos de actualidad sobre las que se puede trabajar:
- La actualidad puntual e inmediata
- La actualidad permanente o sostenida.

La actualidad **puntual o inmediata** es aquella en la que el hecho es estrictamente novedoso. Para la radio es la más interesante, porque es con la que la radio puede competir con otros medios. Es lo que sucede en este mismo momento.

**La actualidad permanente o sostenida es aquella en la que los** temas no son estrictamente de actualidad rabiosa, sino temas de interés cultural, político... cuyo seguimiento resulta interesante para el medio. El hecho ya es conocido y se aportan los últimos datos.

**El proceso de actualización**
Si no hay datos nuevos. Para dar la impresión de actualización, una fórmula es reordenar los datos de la pieza ya antes redactada y usada en un informativo anterior. Si no ha habido datos nuevos pero la información es suficientemente importante como para que aparezca, tenemos que reordenarlos, abrir con uno nuevo.

Otra opción es que si se tienen datos secundarios que no se había dado antes, se incorporan algunos en sustitución de otros datos secundarios que sí que había aparecido.

Si se dispone de cortes de voz, se cambia por otros que no se utilizaron antes. Si en el informativo anterior esa información la hemos dado en formato crónica, cambiar de género.

Sí hay datos nuevos (lo ideal y deseable). En primer lugar, haremos una valoración de los datos y, si son importantes, abriremos con ellos. Si los datos que nos llegan no son suficientemente importantes para abrir con ellos, decidiremos en qué lugar los ofrecemos. Con datos nuevos, hay que ser capaces de jerarquizar la información, de valorarla y decidir en qué punto va.

No se debe trabajar por secciones (fórmula heredada de la prensa). Se debe trabajar por bloques, y en un boletín informativo es mucho más evidente.

El proceso de actualización se tiene que dar siempre. En radio trabajamos con lo más actual y lo más próximo a nosotros y a nuestra audiencia. Estos dos parámetros (ACTUALIDAD + PROXIMIDAD) se tienen que respetar siempre.

La información tiene un ciclo de vida muy corto en radio, y se tiene que respetar. El ciclo de vida de una noticia se alarga con el proceso de actualización, buscándole ángulos nuevos. Pero no podemos quemar una noticia. Todo tiene que ver con una actividad de redacción. Hay que reelaborar constantemente las piezas.

**Otros elementos de la información**
Están constituidos por:
- ✓ El flash.
- ✓ La crónica.
- ✓ El comentario.
- ✓ El informe.
- ✓ La entrevista.
- ✓ El documental radiofónico.
- ✓ La rueda radiofónica

**El flash:** es el adelanto breve de una noticia; la expresión o lectura de los primeros detalles que se conocen de un acontecimiento y que posteriormente serán ampliado a medida que se obtengan nuevos datos y se tratarán con la extensión que merezca la importancia del hecho en el servicio informativo inmediatamente posterior. **El problema que plantea es que** llega rápidamente y el redactor no tiene tiempo de controlar todos los datos que le llegan. Y se puede caer en el error. Antes de dar la noticia, como mínimo, los datos principales se tienen que contrastar. Si no, se tiene que poner en boca de quien lo haya dicho (EFE, Europa Press...), quien emita el comunicado o sea la fuente.

**La crónica**: es una información desarrollada y dotada de elementos formales o literarios del autor. Puede tener como base una noticia o una serie de noticias enlazadas por su temática, su procedencia o su coincidencia en el tiempo. El arranque o párrafo inicial no tiene por qué coincidir, como ocurre con la noticia, con una síntesis del tema que se expone. Por un lado, existe flexibilidad en el estilo, y por otro, se puede adaptar ("encajar" argumentalmente) en la relación de noticias o secciones de un noticiario. Ya sea en directo o grabado, el cronista puede concertar con el locutor/a presentador/a o conductor/a del informativo un arranque coloquial que confiera unidad y agilidad al programa.

**El comentario**: el comentario radiofónico es una crítica valorativa o una interpretación documentada que el radiofonista comunica por la investigación de un tema de actualidad o por su especialización en la materia de que se trate. No existen fórmulas rígidas sobre la estructura del comentario, dado su carácter creativo.

### Tipos de comentarios
Según la intención y el sentido que se persiga, el comentario puede ser:
> - *Crítico:* cuando predomina la valoración de obras, acciones o comportamientos de  alcance social.
> - *Explicativo:* cuando predomina el tono didáctico o el énfasis en la exposición del   "por qué" de una noticia o acontecimiento.
> - *Interpretativo:* se busca en él, sobre todo," la otra cara" de la realidad; las   derivaciones o consecuencias menos conocidas de los hechos que se comentan.
> - *Inductivo:* es el comentario que apela al instinto, los sentimientos o los intereses del  oyente para moverle a la acción en un determinado sentido.

El comentario de actualidad requiere, en cualquier caso:

- La identificación clara de que se trata del punto de vista del comentarista.
- La ausencia de prejuicios.
- La independencia de criterios. (La independencia no significa ausencia de presiones, sino eludirlas dignamente).
- La elocuencia, o fuerza comunicativa (Que es directamente proporcional al conocimiento del tema de que se habla)

**El informe**: se puede clasificar como un género derivado del periodismo o de explicación de estilo impersonal y que no admite improvisación.

Tiene dos modalidades:
- De precisión: consiste en la aportación de datos que desarrollan, explican y complementan un acontecimiento de relieve. Se utiliza generalmente para la ampliación de noticias de índole científica y económica, pero puede ser aplicado a los más variados contenidos.
- De investigación: nació en las revistas sensacionalistas, creció más tarde en las revistas de denuncia, pasó a los diarios y se ha adentrado en la radio. Se centra en temas sociales y políticos, mediante el tratamiento profundo y extenso de los temas de actualidad dilatada

**La entrevista**: en sentido estricto, la entrevista es un diálogo cara a cara en el transcurso del cual se recaban declaraciones de interés. De la entrevista hablaremos ampliamente más adelante.

**El reportaje**: lo desarrollaremos más adelante.

**El documental radiofónico:** considerado por algunos tratadistas como una variante del gran reportaje, el documental tiene sin embargo peculiaridades que le confieren el carácter de auténtico género radiofónico. En la actualidad ha encontrado su medio idóneo en los programas de cariz cultural.

**La rueda radiofónica**: consiste en la conjunción de conexiones simultáneas mediante el sistema de múltiplex.

# CAPÍTULO V

# LA ENTREVISTA RADIOFÓNICA

Estrictamente, la entrevista es un diálogo cara a cara en el transcurso del cual se recaban declaraciones de interés. El entrevistador/a marca la pauta de la conversación con objeto de obtener del interlocutor la máxima eficacia comunicativa.

En la radio, la entrevista puede adoptar tantas modalidades como entrevistadores las realicen, dependiendo de factores tan diversos como el motivo del diálogo, el programa en el que se emite, las condiciones del personaje, el tiempo de duración, las circunstancias técnicas y ambientales, además, lógicamente, de la habilidad y preparación del profesional.

A efectos de clarificación, se pueden establecer tres tipos principales de entrevista:
- De personaje.
- De actualidad.
- De opinión.

## La entrevista de personaje

Son las entrevistas en las que el primer factor a considerar, por encima del contenido o el tema de la conversación, es la figura del entrevistado. Encaja preferentemente en programas de entretenimiento o mixtos, tipo magazine. La entrevista de personaje puede dividirse en dos grupos:

***"De personalidad"***: cuando el objeto de la conversación es el propio entrevistado/a en cualquiera de sus facetas. La entrevista de personalidad se subdivide, a su vez, en las siguientes modalidades:

***Retrato***: el micrófono se convierte en pincel mediante el cual el entrevistador/a pinta una imagen lo más certera posible de su interlocutor/a. Es importante crear   un clima de confianza entre el entrevistado/a y entrevistador/a.

***Biográfica***: en este caso el objeto de la conversación es relatar la vida del personaje, procurando que lo esencial de sus recuerdos y vivencias de expresen en la voz del entrevistado/a y no del entrevistador/a. De cualquier modo, a lo largo de la conversación hay que hacer referencia, por ejemplo, a fechas clave, acciones estacadas, acontecimientos históricos, etc. para facilitar al entrevistado/a un hilo narrativo y no olvidar cuestiones sustanciales.

***Psicológica***: interrogatorio a base de preguntas breves sin un argumento temático, al modo de los test  psicoanalíticos. Más que los datos que se deriven  de las respuestas interesan las reacciones del personaje ante cuestiones a veces incongruentes, las relaciones temáticas que establece y, en definitiva, sus ocurrencias.

***"De declaraciones"***: cuando se entrevista a un personaje en función de su identidad, por su fama, su notoriedad o su relevancia. Pero la conversación no se refiere a su personalidad sino a cuestiones diversas. La entrevista de declaraciones tiene también distintas modalidades:

> De ocasión: se solicita la opinión o el punto de vista del entrevistado/a acerca de   los acontecimientos o efemérides de interés general, no necesariamente relativos  a su actividad o su competencia.

> De pasatiempo: en sentido literal equivale a la charla; es decir, una conversación larga y superficial que se mantiene por puro entretenimiento.

En las entrevistas de personajes, tanto las de personalidad propiamente dicha como en las de declaraciones, cabe utilizar una de las dos técnicas siguientes o ambas combinadas:

*Impresionista:* a modo de interrogatorio, preguntas y respuestas breves.

*Expresionista:* diálogo reposado, no sometido necesariamente a un cuestionario. El interés de las manifestaciones marca el rumbo y el ritmo de la conversación. De hecho, la conversación distendida, con uno o varios interlocutores, puede constituir de por sí una modalidad más de entrevista.

## La entrevista de actualidad
El detonante de la conversación es la búsqueda de una noticia o la ampliación de una información que ya se conoce. Se entrevista al protagonista o protagonistas de cualquier acontecimiento, a personajes que intervienen significativamente en el mismo y pueden contribuir a esclarecer alguna de las preguntas que conlleva toda noticia: quién, qué, dónde, cuándo, cómo y por qué.

La extensión de una entrevista de actualidad está á condicionada a la trascendencia del acontecimiento que se investiga y del tiempo que se conceda al tratamiento del mismo en el conjunto del programa.

## La entrevista de opinión
Se puede dar esta denominación a cualquiera de las variantes de la entrevista en las que se solicitan opiniones, puntos de vista, tomas de posición, juicios y pareceres al protagonista o protagonistas de la conversación o a un número indeterminado de miembros de un grupo social o colectividad con objeto de pulsar lo que se conoce como opinión pública. Puede adoptar diversas variantes:

*Coloquio*: cuando un personaje se somete en directo a las preguntas de un entrevistador/a y de los oyentes, éstos últimos a través de llamadas telefónicas. Admite tanto el personaje famoso por su actividad en el arte, las ciencias, la política, la economía, etc., como en el que en un momento determinado se presta para exponer su visión personal sobre cualquier materia que haya saltado a un primer plano de la actualidad.

*Mesa redonda*: conversación mantenida, con varios expertos o personas cualificadas o representativas que examinan un tema de interés público desde sus diferentes puntos de vista profesionales, sociales, políticos, etc.

*Debate*: enfrentamiento de opiniones. Los intervinientes, más que someterse a la fórmula de preguntas y respuestas, discuten entre sí, confrontan dialécticamente sus posiciones intelectuales o ideológicas. Entre los protagonistas de la controversia debe existir equilibrio de autoridad y representación.

*Sondeo:* cuando se inquiere información acerca del estado de un problema o situación actual por medio de preguntas a un conjunto reducido de personas, directa o indirectamente afectadas.

*Encuesta:* por razones de tiempo y complejidad técnica, la encuesta radiofónica no reviste el rigor de la encuesta sociológica. Sin embargo, hay que procurar en lo posible que el muestreo sea amplio y representativo. El planteamiento de las preguntas ha de ser claro y directo y no condicionar la respuesta de los encuestados.

## Preparación antes de la entrevista

Es esencial que el entrevistador/a sepa lo que está intentando lograr. ¿Qué se pretende? ¿Establecer hechos o discutir razones? ¿Qué puntos esenciales han de cubrirse? ¿Tiene el caso argumentos en pro y en contra ya establecidos? Evidentemente, el entrevistador/a debe saber algo del tema, y es muy aconsejable que haya recibido algunas indicaciones previas y que haya realizada algunas investigaciones por su cuenta. Es esencial tener absoluta certeza sobre cualquier nombre, cifra u otros hechos mencionados en las preguntas.

En resumen, el punto de arranque normal de un entrevistador/a
debe ser:
- Obtener suficiente información y antecedentes sobre el
  tema y el entrevistado.
- Conocer con detalle lo que se pretende lograr con la
  entrevista.
- Saber cuáles son las preguntas clave.

## Discusión previa a la entrevista

Después del trabajo preparatorio, el siguiente paso es la discusión
de la entrevista con el entrevistado/a. Los primeros minutos son
cruciales. Cada una de las partes le está á tomando la medida a la
otra, y el entrevistador/a debe decidir cómo proceder.

No hay una norma fija, y debe adoptarse la que la ocasión exija.
El entrevistado/a puede ser receptivo a un á ágil profesionalismo
por parte del entrevistador/a, o quizás prefiera una actitud más
reposada y comprensiva. Puede necesitar sentirse importante, o lo
contrario. En cualquier circunstancia, el entrevistador/a
deberá acertar, y dispone de muy poco tiempo para formar sus
juicios.

El entrevistador/a indicará á el temario que ha de ser abarcado,
pero hará á bien en dejar que el entrevistado/a lleve la voz
cantante. Es equivocado el que el entrevistador/a se involucre en
una discusión sobre el tema, especialmente si hay peligro de que
pueda revelar su opinión personal sobre el asunto. Ha de tenerse en
cuenta que el papel del entrevistador/a no es el de conducir una
encuesta judicial, ni atribuirse las funciones de fiscal, juez y
jurado.

## Técnica de las preguntas

Una entrevista es una conversación con un objetivo. Por una parte,
el entrevistador/a conoce ese objetivo, y sabe algo sobre el tema.
Por otra, se coloca en el lugar del oyente, y está á haciendo
preguntas en un intento de conocer más cosas. En su forma más
simple, los tipos de preguntas son los siguientes:
- ¿Quién?

- ¿Cuándo?
- ¿Dónde?
- ¿Qué?
- ¿Cómo?
- ¿Por qué?

La mejor de todas las preguntas, e, incidentalmente, la que menos veces se hace es ¿por qué? que es la que mejor revela al entrevistado/a, dado que lleva una explicación de sus acciones, juicios y valores.

Se dice  algunas veces que es erróneo el hacer preguntas basadas en el "verbo invertido":

¿Está Vd...?
¿Van ellos a....?
¿Tiene Vd....?
¿Opina Vd. que...?

Porque, generalmente la respuesta se limita a un sí o un no.

## "Ancho" de la pregunta
Es evidente que cuando se busca una respuesta de sí o no, se está atando al entrevistado/a, y tiene poco margen de maniobra; la pregunta es muy estrecha. Por el contrario, es posible hacer una pregunta tan enormemente ancha, que el entrevistado/a no sepa exactamente lo que se está  preguntando.

Ejemplo: "Acaba Vd. de regresar de un viaje de estudios por Europa; hábleme de ello"

Naturalmente, esto no es, en modo alguno, una pregunta, es una orden. Las afirmaciones de este tipo son hechas por entrevistadores sin experiencia, que se creen que de esta forma ayudan a un entrevistado/a que está á nervioso. Y lo que sucede casi siempre es lo contrario, puesto que el entrevistado/a no sabe por dónde empezar.

Cuidado también con el entrevistador/a que tiene que clarificar su propia pregunta.

Ejemplo: ¿Cómo fue que se embarcó Vd. en una actividad como ésta? Quiero decir, ¿qué es lo que le hizo a Vd. decidirse en tal sentido? después de todo, en aquel momento no era lo más apropiado, ¿no es cierto?

Si el objeto de la pregunta no está claro para el entrevistador/a, es poco probable que sea comprendida por el entrevistado/a, y es probable que la confusión del oyente degenere en indiferencia, seguida de un total desinterés.

**Abogado del diablo**
Si lo que se pretende es que el entrevistado/a exprese por completo su propio punto de vista, y que conteste a sus diversos críticos, será necesario el enfrentarle con estos puntos de vista opuestos. Esto le dará oportunidad de destruir dichos argumentos a satisfacción del oyente, o lo contrario. Al enfrentarle con dichas opiniones, el entrevistador/a debe tener cuidado de no asociarse con ellas, y también debe procurar que el oyente no le asocie con el factor "oposición".

Su papel es el de presentar opiniones que saben han sido expresadas en otros lugares, o las dudas y argumentos que supone razonablemente que se pueden suscitar en la mente del oyente. Al adoptar esta actitud de "abogado del diablo", las preguntas suelen ser, por lo general del siguiente tipo:

- "Por otra parte se ha dicho...."
- "Hay gente que argumentaría que...."
- "¿Cómo reacciona Vd. a la gente que dice que...?"
- "¿Qué contestaría Vd. al argumento de que...?"

Los entrevistadores deben cuidar mucho la forma en que presenten los argumentos en contra de los puntos de vista de los entrevistados, y a la mayoría de éstos les satisface que esto se haga bien, ya que ello posibilita el clarificar con mayor facilidad su caso.

## Preguntas múltiples

El entrevistador/a sin experiencia, que está á obsesionado con el temor de que su entrevistado/a no tendrá la suficiente reacción a sus preguntas, caerá en la trampa de hacer dos preguntas al mismo tiempo:

Ejemplo:

¿Por qué acabó la reunión en un tumulto, y cómo evitará usted que esto vuelva a suceder?

El entrevistado/a al que se le hacen dos preguntas podrá contestar la primera y olvidar la segunda, o podrá ejercitar la opción que se le presenta de contestar a la que prefiera. En cualquier caso, se produce una pérdida de control por parte del entrevistador/a, ya que la iniciativa pasa al entrevistado/a.

Las preguntas deben ser cortas y sencillas. Las preguntas largas y con grandes rodeos, producirán respuestas similares; es la forma normal de mantener una conversación. Las respuestas tienden a ser producto del estímulo aplicado, lo cual quiere decir que el enfoque inicial del entrevistador/a determinará el tono en el que se desarrollará á toda la entrevista.

## Preguntas capciosas

Las preguntas indolentes, inexpertas o maliciosas pueden parecer que colocan al entrevistado/a en una determinada posición antes de que comience a hablar.

Ejemplos:

"¿Por qué comenzó Vd. su negocio con unas finanzas tan poco firmes?"

"¿Cómo justifica Vd. unas medidas tan despóticas?"

No se puede de antemano juzgar una situación. En todo caso, sería el oyente quien determinara esa situación.

Estas mismas preguntas pueden formularse de la siguiente manera:

"¿Con cuánto inició Vd. su negocio?" (Hecho)

"¿Consideró Vd. en aquel momento que esto era suficiente?" (si/no)

"¿Cómo le va en la actualidad?" (Juicio)

"¿Qué le diría Vd. a la gente que pudiera considerar que estas medidas eran despóticas?" (Este es el papel de "abogado del diablo" al que ya se ha hecho referencia)

## Preguntas que no son preguntas

Este hecho se produce cuando existen entrevistadores a los que les encanta hacer afirmaciones en lugar de formular preguntas. Se da mucho esta circunstancia con los informadores deportivos.

## Comunicación no verbal

La comunicación establecida en la fase previa debe continuar a través de toda la entrevista. Esto se logra principalmente mediante contacto visual y expresión facial. Si el entrevistador/a deja de mirar a su interlocutor, quizás para dirigir una mirada momentánea a los equipos o a sus notas, hay riesgo de que se pierda el hilo de la entrevista. Incluso puede suceder que el propio entrevistado/a mire hacia otra parte, con lo que tanto sus ojos como sus pensamientos pueden dispersarse.

## Lo que hay que hacer durante la entrevista

El entrevistador/a debe ejercer un control activo de cuatro funciones separadas:
- o La técnica.
- o La dirección de la entrevista.
- o La pregunta suplementaria.
- o El tiempo de que se dispone.

Los aspectos técnicos deben ser controlados constantemente para detectar, por ejemplo:

> ➢ Si se está  produciendo una alteración en el ruido de fondo que precise un cambio de la posición del micrófono.
> ➢ Si se está modificando la posición de la persona entrevistada en relación con el micrófono, o se han alterado los niveles de la voz.
> ➢ Si la entrevista está siendo grabada, si sigue el grabador funcionando correctamente.
> ➢ Si  sigue siendo correcta la lectura del volumen u otro indicador.

Han de tenerse siempre en cuenta los objetivos de la entrevista: ¿Se están cubriendo adecuadamente todas las materias en términos de las preguntas clave fijadas de antemano?

En ocasiones al entrevistador/a le es posible adoptar una decisión positiva, y alterar el curso de la entrevista, pero en cualquier caso debe controlar exactamente lo que está haciendo.

Es vital que la persona que hace la entrevista no esté tan preocupada con la siguiente pregunta que deje de escuchar lo que está diciendo el entrevistado/a. La habilidad de escuchar y pensar con rapidez son atributos esenciales del entrevistador/a. Debe saber hacer la pregunta suplementaria adecuada para la aclaración de alguna cuestión.

Debe respetarse estrictamente el tiempo asignado a la entrevista. Esto es de aplicación tanto a la entrevista de media hora como a la de dos minutos y medio. Si lo que se precisa es una breve entrevista para un programa de noticias, no tiene mucho objeto el grabar durante diez minutos  para hacer luego el oportuno recorte.

**Cuestiones a tener en cuenta en la última fase de la entrevista**
> ✓ La palabra "finalmente" sólo debe ser empleada una vez. Puede ser útil que preceda a la última pregunta, como aviso a la persona entrevistada que el tiempo se agota, y que si se olvidó algo importante, ahora es el momento de decirlo.

✓ Para que el entrevistado/a acepte las limitaciones del tiempo, será de gran ayuda el que el entrevistador/a se acuerde de advertir de antemano qué duración se ha fijado para la entrevista.

✓ En ocasiones, al entrevistador/a le asalta la tentación de resumir. Debe resistirse a ello, ya que resulta extremadamente difícil hacerlo sin unas evaluaciones subjetivas por parte del mismo. Debe tenerse siempre presente que la mejor característica de un buen entrevistador/a es su tratamiento objetivo de los hechos, y su actitud imparcial. El ir más allá supone el olvidarse del oyente, o, por lo menos, el infravalorar la capacidad del oyente de llegar a sus propias conclusiones. Una entrevista correctamente estructurada no debe precisar un resumen, y mucho menos provocar la necesidad de imponer al oyente una panorámica de lo que se ha dicho.

## Cuestiones a tener en cuenta después de la entrevista

✓ El entrevistador/a debe tener la sensación de que ha sido una experiencia muy instructiva que ha contribuido a una comprensión por parte del oyente, tanto del tema en cuestión como de la personalidad del entrevistado/a. Si la entrevista ha sido grabada deben comprobarse inmediatamente algo así como los últimos 15 segundos.

✓ El entrevistador/a es el responsable del contenido de la entrevista y de su calidad técnica. Si por cualquier razón se desea volver a grabar una parte de la entrevista, al hacerlo, se deberá adoptar una nueva actitud.

# CAPÍTULO VI

# EL DEBATE RADIOFÓNICO

El debate radiofónico tiene como finalidad crear opinión. El tema de un debate transmitido por radio debe ser de gran interés o preocupación para el público. Lo que se pretende es que el oyente escuche argumentaciones a favor y en contra, expresadas en tono conversacional por personas que tienen la convicción de que sus puntos de vista son los acertados. De esta forma, la emisora puede mantenerse al margen.

## Su formato

En su forma más simple, habrá dos oradores que mantienen puntos de vista opuestos y un moderador/a  imparcial.

La dirección de la emisora, naturalmente, puede opinar que una estructura de este tipo no haría justicia al tema, o que no se aclararía lo suficiente con un debate bidireccional, y por consiguiente sería mejor incluir un abanico de puntos de vista (el debate de "múltiples facetas"). Sin embargo, hay que tener en cuenta que una discusión se puede hacer confusa si tiene demasiados puntos de vista distintos.

## La selección de participantes

Es posible "conducir" un debate de forma que resulte a favor de un determinado punto de vista, pero dado que el oyente debe llegar a sus propias conclusiones después de escuchar distintos puntos de vista adecuadamente expresados, lo que el moderador/a del programa debe buscar es un equilibrio, tanto de habilidad como de opinión.

Ocurre con frecuencia que por un lado hay "portavoces oficiales", y por otro lado personas que saben desenvolverse ante un micrófono. Algunas veces se combinan estas dos facetas en una misma personalidad, pero no todas las personas, en las circunstancias en las que se desarrolla un debate por radio, tienen la necesaria claridad de ideas y capacidad de expresión y de convencimiento, por muy dignos que sean en otros aspectos.

En un debate político, si se elige al portavoz de un determinado partido, es virtualmente obligado el incluir también al del partido contrario, independientemente de si sabe o no hablar ante un micrófono.

Habrá ocasiones en las que sea necesario escoger al jefe del partido, al miembro de algún consejo, al presidente de una compañía, o al portavoz oficial; pero también habrá casos en los que la emisora tenga un campo más amplio para su elección, y para el debate de múltiples facetas es importante incluir un abanico de intereses lo más amplio posible.

En términos generales, estos intereses pueden resumirse como sigue:

- Los que ostente el poder y adoptan decisiones.
- Los representantes legales y las organizaciones de vigilancia.
- Los productores de bienes y servicios.
- Los consumidores de bienes y servicios.

Estas categorías vienen al caso cualquiera que sea el tema de debate.

Al oyente también se le debe considerar como participante, y el tema, por lo menos, debe ser uno que le afecte. Si el oyente está directamente implicado, se le puede invitar a que participe en un programa complementario. En el caso de que se celebre una reunión pública sobre el tema, la emisora puede efectuar su cobertura mediante una transmisión desde el exterior.

## El moderador/a
Una vez elegidos el tema y los participantes, el programa necesitará un moderador/a. El ideal es que sea una persona con amplios conocimientos generales, de carácter firme y sensible, ágil de ideas, imparcial y cortés. Estará interesada en casi todo, y precisará tener sentido del humor. Deberá, además, tener un sentido exacto del tiempo transcurrido del debate y el que queda por transcurrir.

## ¿Cuál es su función?
La moderación consiste en controlar y filtrar las contribuciones hechas por los miembros que participan en el debate. El objetivo de la moderación no es la censura, sino el de mejorar la calidad del debate entre los miembros, eliminando las contribuciones consideradas como nocivas a la audiencia. El rol de los moderadores es decisivo ya que ellos están encargados de que el debate entre los miembros se desarrolle dentro de las mejores condiciones.

## La preparación del debate
Lo primero que hay que hacer es investigar el tema, recopilando y comprobando todos los antecedentes esenciales. La información y datos necesarios pueden encontrarse en bibliotecas, ficheros de recortes de prensa, hemerotecas, en internet y en la propia redacción de la emisora.

El moderador/a debe conocer los hechos al dedillo, y habrá tomado nota de los pareceres que ya han sido expresados para saber cuáles son los puntos de controversia. En ese momento podrá ya preparar un "esquema" básico del debate, con un detalle de las principales áreas que han de ser cubiertas. Esto no es, en modo alguno, un guión; es un recordatorio de los puntos más importantes para evitar que en el transcurso del debate se olvide alguno de ellos.

Es importante que las personas que participen en el debate sean previamente aleccionadas, para asegurarse de que comprenden el objeto, alcance y limitaciones del debate. Cada uno de ellos debe saber quiénes son los que participan, y la duración del programa.

No es necesario que se reúnan antes de la emisión, pero debe dárseles oportunidad para que hagan sus propios preparativos.

## Iniciación del programa

Al comenzar la transmisión, el moderador/a presenta el tema, haciéndolo de forma que el oyente se dé cuenta de que es interesante y pertinente. Con frecuencia esto se hace formulando una serie de preguntas sobre los puntos más esenciales, o mediante la cita de observaciones que ya han sido hechas públicas.

El moderador/a debe tener ante sí una nota con los nombres de todos los participantes y sus funciones o capacidades. Hace la presentación de todos ellos, asegurándose de que sus voces sean oídas lo antes posible a partir del comienzo del programa.

Durante el debate debe continuar dirigiéndose a ellos por sus nombres, por lo menos durante las dos primeras "vueltas" de conversación. Durante el transcurso de todo el programa, debe volver a citar los nombres de cuando en cuando. Es esencial que el comienzo del programa sea objetivo en su contenido y positivo en la presentación.

Esto ayudará a los participantes que tengan un mayor grado de seguridad y dará la impresión al oyente de que el tema está en buenas manos. También permitirá que los participantes tengan inmediatamente algo de qué tratar, de forma que el debate pueda iniciarse sin necesidad de un largo periodo de "calentamiento".

## Control de los oradores

En las condiciones algo especiales en las que se desarrolla un debate en un estudio de radio, algunas personas se vuelven muy habladoras, porque piensan que si no han expuesto todo su caso en los primeros cinco minutos han fracasado. Por otra parte, están los nerviosos y tímidos. El moderador/a no puede hacer que un orador deficiente parezca brillante, pero hay una importante diferencia entre el que no sabe expresarse bien y el que tiene poco que decir. El presentador/a debe incitar a hablar a éste y refrenar a aquél.

La principal tarea del presentador/a es la de facilitar iguales oportunidades de expresión a todos los participantes, y para conseguirlo, por un lado tiene que reprimir, y por otro estimular.

Después de que un invitado al debate ha expresado una opinión con fuerza y convicción, no se le debe dejar  continuar durante mucho más tiempo, para permitir que se exponga otro punto de vista. El moderador/a puede interrumpir, especialmente si lo hace de forma constructiva.

Debe, además, evitar que hablen dos personas a la vez mediante una decidida y clara indicación de que hay alguien "que tiene la palabra". El que alguna vez ocurra que hablan dos o tres personas a la vez, no constituye un desastre; hasta puede ser un claro indicador de que el debate tiene fuerza. No obstante, debemos tener en cuenta que si hablan dos o más personas a la vez, el oyente no entiende lo que están diciendo.

**Control del tema**
El moderador/a debe obtener una aclaración de cualquier jerga técnica o lenguaje de especialistas que puedan utilizar sus invitados. Las abreviaturas y siglas, especialmente las de organizaciones, son por lo general bastante menos comprendidas por el oyente de lo que pueda pensar la gente sentada alrededor de una mesa en el estudio.

Con un ojo en el "esquema" que tiene preparado y el otro en el reloj, el moderador conduce el tema a lo largo de sus puntos esenciales. Sin embargo, debe ser razonablemente flexible, y si un determinado aspecto está resultando especialmente interesante, puede decidir el salirse de su perfil original.

En un programa que se hace largo puede ser aconsejable introducir un elemento que cree variedad, y que ayude a que el debate cambie de rumbo. Ejemplos pueden ser la comunicación de un oyente, una cita de un artículo leída por el moderador/, una entrevista previamente grabada, un fragmento de actualidad o una llamada de teléfono. Para que el moderador conserve su imparcialidad, esta inserción no debe utilizarse para reforzar un punto determinado, sino simplemente para suscitar preguntas sobre las que los participantes pueden hacer comentarios.

## Control técnico

El moderador/a debe vigilar, y corregir, posibles alteraciones en el equilibrio de las voces obtenido antes de que comenzara el programa. Esto puede ser debido a que uno de los oradores se ha apartado del micrófono o se ha acercado demasiado, o que se ha vuelto para dirigirse directamente a un vecino. Pueden producirse sensibles variaciones en los niveles individuales de voz si los participantes se sienten molestos, excitados, desconcertados o deprimidos.

El presentador/a también debe estar al tanto de cualquier ruido extraño, tales como el crujido de papeles, golpes de bolígrafo en la mesa o dedos tableteando sobre la mesa. Una indicación no verbal debe ser suficiente para evitar que se hagan demasiado perceptibles.

Como ayuda para juzgar el efecto de cualquier movimiento, los cambios en los niveles de voz o sonidos extraños, el moderador/a puede utilizar auriculares. Debe colocarlos sólo sobre un oído, para evitar aislarse acústicamente del propio debate. Esto también le permitirá tener una línea de retorno con el realizador del programa para que se le puedan aportar algunas cuestiones que enriquezcan el debate.

Habrá ocasiones en las que todos los participantes en el debate deberán tener también auriculares para escuchar la opinión de otras personas que participan desde fuera de la emisora.

## Terminación del programa

Es pocas veces aconsejable que el moderador/a intente hacer un resumen. Si el debate se ha producido normalmente, el oyente ya habrá identificado los puntos más salientes del mismo y las argumentaciones expuestas en su favor. Si fuera necesario un resumen, es casi siempre mejor invitar a los participantes a que digan una "última palabra"

Otra alternativa es la de que el moderador/a formule al grupo una pregunta clave que dirija el tema hacia  la siguiente fase: "Finalmente ¿qué piensan ustedes que debe suceder ahora?" La pregunta debe hacerse con tiempo suficiente para que puedan producirse las respuestas. Hay muchos buenos programas que se estropean por causa de un final deslavazado.

El moderador/a debe procurar no dar la impresión de que falta tiempo, pronunciando frases como:
"Bueno, me temo que tenemos que dejarlo aquí..."
"Una vez más el reloj nos ha vencido...."
"Qué pena que no haya tiempo para discutir más ese último punto..."

El programa debe cumplir los objetivos previstos dentro del tiempo que le fue asignado. Cuando falta un minuto, o menos, para el final, el moderador/a debe dar las gracias a sus invitados dirigiéndose a ellos por sus nombres, agradecer también otra colaboración que se haya hecho al programa, y hacer una referencia a futuros programas o acontecimientos públicos en relación con el tema.

Una vez que la emisión ha finalizado, los participantes comienzan a pensar en las observaciones que debieron haber hecho y no hicieron. Es importante darles una oportunidad de relajarse y calmar los nervios, y es preferible que lo hagan en grupo, suponiendo que todavía se dirijan la palabra los unos a los otros.

En esta fase, probablemente se sienten vulnerables y al descubierto, y tienen la duda de si han hecho justicia a las posturas que representan. Se les debe agradecer efusivamente su colaboración y permitir  que conversen familiarmente si lo desean. En ocasiones, es adecuado también ofrecerles algún refresco o bebida.

No es función de la emisora el crear enfrentamientos y disensiones donde no los hay. Sin embargo, las auténticas diferencias de opinión sobre temas de interés público son enormemente atrayentes para una emisión radiofónica ya que el oyente se puede sentir personalmente implicado en las argumentaciones expuestas y en su resultado.

El programa debate es una contribución al más amplio campo del debate público, y puede ser considerado como una parte del positivo  papel que desempeña una emisora de radio dentro de una sociedad democrática.

## La tertulia

A la tertulia se la define como una "reunión de personas que se juntan habitualmente para conversar sobre algo o recrearse...". Esta definición es perfectamente aplicable a la radio, donde además, la voz y el sonido en general son los protagonistas.

Ahora bien, una tertulia radiofónica no solo conlleva una preparación previa, basada en fuentes contrastadas de información (al contrario que una conversación), sino que aborda en profundidad un tema generalmente polémico o controvertido (que motive el debate fundamentado). La tertulia forma parte de la "radio de opinión" que supera la visión de la radio como mera transmisora de noticias, entendiéndola ahora como "creadora de opiniones".

Esto ocurre porque al ofrecerse puntos de vista elaborados con argumentos muy bien fundamentados en informaciones y/o hechos concretos, que además están siendo defendidos por buenos comunicadores que han realizado una investigación o directamente por expertos en el tema, y emitidos por un canal de comunicación que emplea muy bien la voz para acercarnos o alejarnos de una determinada persona/locutor y su punto de vista.

Con la tertulia, el poder de influencia sobre la forma de pensar del ciudadano aumenta. El primer rasgo probatorio de la influencia de la tertulia radiofónica en la forma de pensar del ciudadano es el gran aporte a los conocimientos del mismo sobre un tema concreto (es una gran fuente de información). La "guerra de argumentos", la "competencia por desarmar al oponente", nos lleva a adentrarnos en un "torrente organizado" de informaciones que nos harán posicionarnos en una u otra postura, en un punto intermedio entre ambas, o en ninguna de ellas. Sea cual sea el resultado, habremos reflexionado sobre un tema de actualidad y las conclusiones a las que lleguemos serán los cimientos de nuestra opinión.

La tertulia aporta riqueza expresiva, análisis y una personalización muy intensa en los mensajes transmitidos, para lo que resulta esencial contar con un grupo plural de participantes que, además, entiendan del tema. Exige una selección plural y equilibrada de sus participantes. Los tertulianos deben expresarse siempre conforme a los valores democráticos y modos respetuosos. Deberán escuchar y dialogar, asentir o discrepar con respeto. El moderador/a será responsable de velar por el cumplimiento de los valores de transmitir la emisora. También controlará el desarrollo de la propia tertulia, evitará digresiones o intervenciones demasiado largas y prolijas, denunciará y controlará las faltas de respeto o salidas de tono por parte de los participantes y, especialmente, se ocupará de centrar la discusión sobre temas realmente relevantes para el interés general.

La tertulia es una fórmula muy implantada en la radio y que tiene un indudable peso en la formación de la opinión pública. Sin embargo, es necesario contar con tertulianos que, por las exigencias del género, posean un amplio conocimiento de todos los ámbitos de la actualidad y la necesaria destreza para ofrecer argumentos con el debido rigor. La emisora que emite una tertulia está obligada a cuidar este género mediante todas las fórmulas a su alcance y, en todo caso, los moderadores están obligados a exigir a los tertulianos explicaciones en profundidad sobre sus aseveraciones y a reclamar responsabilidades o rectificaciones a quienes atenten contra los derechos de terceros. Los tertulianos, invitados o colaboradores deberán tener presente en todo momento los principios deontológicos por los que se deberán regir.

# CAPÍTULO VII

# EL MAGAZINE RADIOFÓNICO

El magazine es un programa de actualidad con sitio para muchas cosas. Estos programas se distinguen por un alto porcentaje de palabra hablada y porque se le concede mucho sitio a los contenidos. La moderación, las distintas colaboraciones y la música se suceden. En magazine pueden aparecer todo tipo de formatos radiofónicos, ya sean artísticos o periodísticos, desde las noticias hasta los collages acústicos.

Entre todos los tipos de programas, el programa magazine es el que más fácilmente se puede hacer aburrido o trivial, simplemente porque degenera hasta convertirse en una mezcla de actuaciones que no tiene prácticamente ninguna ilación. El principal problema que tiene el realizador/a es el de encontrar la mejor forma de compaginar la necesidad de coherencia con la de variedad.

Es evidente que el programa debe tener una estructura reconocible ya que, después de todo, es probablemente la razón por la que el oyente sintonizará con la emisora.

Una política que es muy común en la comercialización, y que puede aplicarse a la radio lo mismo que a cualquier otro producto, es la de configurar una audiencia regular mediante la creación de expectativas positivas para el oyente, pasando después a satisfacerlas, e incluso mejorarlas. La razón más poderosa por la que se sintoniza con un determinado programa es la de que el oyente le gustó lo que oyó la última vez.

Todo programa magazine debe tener un molde similar, no deben cambiarse demasiadas cosas pero, al mismo tiempo, debe parecer nuevo para lo que habrá á que incluir contenidos frescos y algún elemento sorpresa. Debe ser lo suficientemente ágil y variado como para conseguir mantener "enganchados" a la mayor cantidad de públicos distinto.

**Su estructura**

La estructura de un magazine debe estar pensada con mucho cuidado y organizada siguiendo posiciones de contenido. Por ello los magazines tienen un perfil muy definido que resulta de la unión de los siguientes elementos:

- ✓ La mezcla de los temas que elija el equipo de redacción.
- ✓ El "ritmo" del programa, o sea, la relación entre la palabra hablada y la música, entre el tempo y la duración de las contribuciones.
- ✓ El estilo de los moderadores que le presentan el contenido a los oyentes y que distinguen, gracias a su personalidad, el carácter del programa.

La estructura global de un programa magazine debe mantenerse razonablemente constante. La proporción entre la música y la palabra debe ser aproximadamente la misma de una edición a otra. Es conveniente no abusar de una determinada sección ni tampoco de entrevistas muy largas. Si la ocasión lo demandase, puede variarse la estructura habitual pero avisando de esta circunstancia previamente.

**Qué debemos tener en cuenta para su estructuración y presentación**

- ➢ Qué apartado es representativo para los fines del programa.
- ➢ Cuál está mejor hecho y es más interesante para oír.
- ➢ Cuándo se han de colocar temas serios y cuándo temas ligeros.

> Qué apartados son especialmente interesantes y actuales para obtener un lugar de honor en el programa y ser emitidos al comienzo o al final del mismo.
> Si hay apartados fijos y con ello, lugares predeterminados en el programa quizás para noticias, recomendaciones o comentarios.
> Qué ritmo ha de tener el programa.
> Qué relación hay entre música y palabra.
> Cuándo necesita relajarse la concentración o la atención de los oyentes.
> De qué apartados o temas se puede prescindir.

En el plan cronológico es importante calcular suficiente tiempo de transición para poder recuperar retrasos imprevistos. Además hay que planear por lo menos tres minutos de música al comienzo y otros tres al final del programa para permitir el cambio, dentro del estudio de emisión, de los equipos del programa anterior y de programa siguiente.

## Temas de un magazine

El perfil de los contenidos que ha de tener un programa es una cuestión del equipo de redacción, ¡hay muchas posibilidades! El abanico va desde programas políticos o de actualidad reciente hasta programas culturales o emisiones monográficas, en las cuales se profundizan conocimientos especializados o que se dirigen a un grupo determinado de oyentes, pasando por programas heterogéneos con temas variados y ligeros.

## Sus factores

Para que un programa de este tipo mantenga su coherencia hay que tener en cuenta los siguientes factores:

- El título.
- La sintonía.
- La hora de transmisión.
- El presentador/a.
- El estilo de los enlaces.
- El contenido informativo.
- La estructura del programa.

Analicemos cada uno de ellos:

**El título**
El título debe provenir directamente de los objetivos del programa, y en su confección también debe influir el sector de audiencia al que va destinado.

**La sintonía**
La sintonía debe dar alguna idea sobre el estilo del programa (alegre, urgente, serio..) y ser, de alguna forma, evocativo del contenido.

**La hora de transmisión**
Los programas habituales no deben cambiar del horario fijado. La fijación del horario dependerá del tipo del programa y del público al que va dirigido.

**El presentador/a**
Es quizá el factor individual más importante para la creación de un estilo definido y continuado, ya que regula el tono del programa mediante su actitud hacia el oyente.

El presentador/a tiene la tarea de guiar el programa, de crear los lazos entre las diferentes partes del programa y de despertar la curiosidad de los oyentes. Los presentadores de un magazine tienen que familiarizarse con los temas y las perspectivas de los apartados para poder presentarlos correctamente.

El tiempo de preparación de un magazine es relativamente largo: antes de la emisión se deberían escuchar todos los montajes producidos y leer todos los textos. Sólo a partir de esta base se pueden desarrollar opiniones propias que sean razonables para la presentación.

Al elegir a un presentador/a para un programa especializado, el director/a de la emisora quizá tenga que elegir entre un buen profesional del micrófono y una persona experta en el tema. Naturalmente, lo ideal es que ambas cualidades se reúnan en la misma persona. Si se trata  de un programa especializado, es preferible escoger a una persona que domine el tema y formarla en el dominio del micrófono.

## El estilo de los enlaces

La forma en la que se presentan las distintas secciones, la cantidad y tipo de humor empleado, el número de anuncios horarios y el tono en el que se da todo el programa se mantendrán constantes. El saber enlazar las distintas secciones del programa es primordial para garantizar una mayor agilidad al mismo.

## El contenido informativo

Cuanto más local sea un programa magazine, más específica y práctica puede ser la información que facilite. Se puede efectuar, o bien mediante inserciones regulares en horas ya conocidas, o mediante una simple inclusión en los enlaces. Si se tiene la intención de que un programa se le conozca por su contenido informativo, las inserciones deben hacerse siempre a la misma hora, y tener la misma duración y estilo.

## La estructura del programa

Dentro de la estructura de un magazine hay que destacar  tres elementos:

- ✓ La música: los oyentes se conectan a un programa a menudo en primer lugar por la música y después se quedan escuchando las otras partes habladas. La elección de la música del magazine tiene que estar pensada a fondo, a la música hay que concederle la misma importancia que a la palabra.

  Debe ajustarse al carácter del programa y en lo posible dirigirse al mismo grupo de personas al que se quiere llegar con los espacios hablados. Quien, por ejemplo, escoge música muy especial o muy particular, posiblemente está reduciendo el número de oyentes. La música del magazine debería ser variada para que un mayor número de gente lo quiera escuchar. ¡Esto no significa por supuesto, arbitrariedad!

Los magazines ofrecen la posibilidad de escoger la música conscientemente, ponerla y así hacer un programa completo y redondo. La atmósfera y el ritmo de un programa se pueden configurar por medio de la música positivamente, por ejemplo: puede contribuir a dar tiempo al oyente para pensar sobre lo que acaba de oír y para que se cree una opinión propia sobre el tema.

A veces es bueno tratar un tema con ayuda de la música. En un programa sobre los jóvenes sería ideal poner la música que escucha la juventud. Tan sólo hay que tener cuidado de no saturar el pro-grama de una música que lleve a su vez un "mensaje" muy claro, como son las canciones que tienen una gran energía verbal.

La música es en sí una parte constitutiva del programa y por eso ciertos textos de calidad de algunas canciones pueden "fatigar" si vienen después de una contribución hablada. Este problema se puede evitar si se toma la música en serio como punto programático del contenido

✓ Su variedad: cada programa debe crear un nuevo interés, y debe contener algún elemento sorpresivo. En primer lugar, los temas de cada una de las secciones deben ser pertinentes, y nuevos para el oyente. En segundo lugar, el tratamiento que se da, a las diversas secciones y el orden en que son presentadas deben destacar las diferencias que existen entre ellas, manteniéndose una vivacidad que sea agradable al oído del oyente.

✓ La participación del oyente: en los programas magazine se desea con frecuencia estimular la participación de la audiencia. Esto puede lograrse a través de peticiones musicales, sección de correspondencia, concursos, llamadas telefónicas, etc.

# CAPÍTULO VIII

# EL REPORTAJE RADIOFÓNICO

El reportaje es un "modelo de representación de la realidad que a partir del monólogo radiofónico persigue narrar y describir hechos y acciones de interés para el oyente. El reportaje es un género libre, flexible y muy sujeto al tema y a la creatividad del autor Esta libertad se extiende también a las diversas posibilidades de estructurar el texto La radio ofrece muchas posibilidades para trabajar este género. Entre los sistemas de tratamiento de la actualidad, el reportaje es el más rico y variado, pues permite la utilización de todos los demás géneros y, además, dar cauce a la creatividad mediante un desarrollo argumental y la inclusión de ilustraciones sonoras.

Se pueden realizar reportajes históricos, dramatizados o de ficción, pero el campo de aplicación más caracterizado es la actualidad. La actualidad puede ser puntual, inmediata o dilatada en el tiempo. Hay temas de actualidad efímera y otros permanentes, intemporales. Todos ellos pueden ser objeto de reportaje.

**Su estructura**

Como la mayor parte de los textos audiovisuales, se estructura en tres partes:
- Apertura.
- Desarrollo.
- Cierre.

Aunque estas partes pueden recibir distintos nombres, les corresponden siempre funciones similares:

A la apertura la de centrar el tema y captar la atención del oyente para que escuche el resto de la emisión.

El desarrollo es la parte más extensa y completa, y la que proporciona el grueso de los elementos del contenido, sustenta el enfoque, desarrolla los argumentos, concatena las narraciones y aporta los principales datos, ideas e interpretaciones surgidas de la investigación.

El cierre es la parte final y la que refuerza la idea principal

Veamos ahora más en detalle en qué consiste cada una de estas partes y qué diferentes opciones existen para elaborarlas.

**La apertura**

Supone una primera toma de contacto con la audiencia, a la que hay que descubrir el escenario de los hechos y la motivación que ha llevado al reportero hasta allí. En este sentido, toda apertura tiene siempre dos cometidos:
- ✓ Reclamar la atención del oyente.
- ✓ Prepararle antes de ofrecer el dato fundamental de la historia.

Esta preparación se refiere al tema del reportaje, pero también a su propósito y enfoque. Puesto que se trata de la primera toma de contacto con el receptor, se exige claridad de ideas y exposición precisa del tema y el enfoque del reportaje. Su importancia es decisiva ya que, como se suele decir en oratoria, "el principio es la mitad de todo". A la hora de elaborar un reportaje, esto es especialmente cierto.

## Requisitos para la apertura de un reportaje

La apertura de un reportaje en radio debe cumplir los siguientes requisitos

> Sencillez: de manera que los oyentes la pueden entender, lejos de artificios estéticos que pueden resultar confusos

> Relevancia temática: la entrada debe capturar la esencia temática del reportaje, ni más ni menos. Si es una anécdota, está debe ilustrar el tema principal y no sólo una parte o incluso contradecirlo.

> Interés intrínseco: la magia de iniciar con "casos de la vida real", por ejemplo, no garantiza una buena entrada. Los personajes de la vida real son aburridos, y suelen decir cosas aburridas. Si el reportero no tiene una anécdota interesante, es mejor que utilice otro tipo de entrada.

> Color: se busca un lenguaje distinto, colorista pero, a la vez, sencillo y claro. Se trata de descubrir la originalidad no sólo en el tema, el propósito o el enfoque, sino también a través del lenguaje empleado.

> Intriga: la apertura debe ser llamativa pero no caer en el error de contar los datos principales. Lo más adecuado es ir dosificándolos a lo largo del texto para evitar que la tensión se concentre tan sólo en un parte. Dicho de otra manera: el reportaje debe generar expectación pero no resolverla.

Sin duda, se trata de una tarea complicada. Mucho más de lo que ocurre en la apertura de una noticia donde el elemento informativo, el conocer qué ha pasado, puede atraer por sí mismo al oyente. En el caso del reportaje, en cambio, esto no es así.

Los reportajes se emiten cuando ya se han dado a conocer los elementos noticiosos más importantes de la acción: el qué, el cuándo, el dónde, el quién, etc. Su cometido más bien es el de profundizar sobre todo en el cómo y en el porqué.

Son muchas las formas de conseguir una buena apertura. Algunas de las más habituales:

***Plantear un aspecto novedoso no divulgado antes***
En este caso la apertura es parecida a una entrada de noticia, con la diferencia de que lo que se resume no es un hecho individual, sino una situación Resulta adecuada cuando nuestro trabajo conduce a una revelación, a descubrir algo importante que estaba oculto o que no se conocía

***Plantear un enfoque original sobre algo conocido***
Lo nuevo aquí no es lo que se da a conocer sino la interpretación sobre hechos ya conocidos: decir qué significan, en donde residen sus causas, qué proyecciones o repercusiones podrán tener, cuál podría ser su desarrollo, etc.

***Buscar la novedad y el interés mediante el detalle o el estilo***
En este caso, la entrada pretende llamar la atención Es propia de aquellos reportajes complejos en los que los hechos fundamentales no se pueden resumir y también de aquellos que contienen elementos específicos capaces de atraer a la audiencia.

**Tipos de aperturas**
Podemos decir que las aperturas de un reportaje en radio pueden ser:
- De resumen.
- De sumario.
- Narrativa.
- Descriptiva.
- De contraste.
- De pregunta.
- De apelación directa.
- De cita.
- Deductiva.
- De parodia
- De suspense.
- Simbólica.
- De caso.

## La apertura de resumen

Es similar a una entrada de noticia. Resume la esencia del texto de manera informativa. Es relativamente previsible y, en principio, no es la apertura más recomendable por su gran parecido con la noticia. Lo mejor es utilizarla como última posibilidad.

## La apertura de sumario

Es una relación de hechos o elementos distintos. Como cualquier sumario, contiene en su interior una relación de los diferentes elementos del reportaje. En este caso, se trata de una lista o secuencia de puntos que, en conjunto, dan idea de las facetas del reportaje. Suele ser, por tanto, una enumeración.

## La apertura narrativa

Apela al relato como gancho del texto. En estas aperturas se debe tener especial cuidado no sólo de seleccionar muy bien lo que se va narrar sino también de cuidar la forma en que se hará. En este sentido, los ritmos, el vocabulario, la extensión de las frases son elementos fundamentales.

Es imprescindible, además, que el relato guarde relación directa con el tema del reportaje o que, al menos, ejemplifique un aspecto interesante de éste. Para ello, el radiofonista puede utilizar diversas referencias sensoriales, sonoras, visuales y olfativas. En la práctica, es un tipo de apertura bastante empleada.

La narración suele empezar con el relato de un aspecto pequeño y nimio de la historia pero que, pese a todo, tiene suficiente interés para atraer al oyente. De ahí se suele ir pasando de forma progresiva de los aspectos más particulares a los más generales.

## La apertura descriptiva

En este caso, se muestra a personas, objetos, paisajes y ambientes. Esto conduce a un estilo generalmente pasivo y tiene el peligro de aburrir al oyente. No obstante, se justifica en algunos reportajes como los de personalidad, en los que pretendemos concentrarnos en cómo es algo. También en aquellos reportajes en los que los ambientes y objetos constituyen elementos importantes.

## La apertura de contraste

Podemos emplearla en aquellos reportajes dedicados a exponer una situación contradictoria o un contraste. El enfoque consiste precisamente en resaltar estos contrastes. En este caso, se subrayan desde el principio. En otras ocasiones, se utiliza el contraste para enfatizar cómo ha cambiado algo o para comparar una situación actual con otra totalmente distinta que se presentó en el pasado.

## La apertura de pregunta

En esta apertura el reportero formula una pregunta a la audiencia. Por motivos obvios, se entiende que se trata de una pregunta retórica que se convierte en un pequeño enigma para interesar al oyente y darle respuesta inmediatamente. La pregunta debe estar formulada de manera que enuncie con claridad algún interrogante que una parte del público puede tener y que, sin embargo, quizá no ha sido capaz de plantear y menos de contestar.

En otros casos, la formulación de una pregunta puede contener a su vez un factor sorpresa que genere asombro e interés en la audiencia. Es el tipo de reportajes que comienzan con la pregunta: ¿Qué tienen en común….? En todos los casos, la pregunta debe ser clara y precisa, interrogar sobre algo con sentido y atraer y sorprender al oyente.

## La apertura de apelación directa

Es aquella en la que el reportero toma conciencia de su papel como narrador y se dirige a la audiencia de manera explícita, al imaginarse al oyente como a un interlocutor. El reportero se dirige a él en segunda persona, con el tú, usted o ustedes.

Estas aperturas son propias de aquellos reportajes en los que se quiere instruir sobre un procedimiento o sobre el modo de hacer algo.

## La apertura de cita

Utiliza palabras textuales de alguna fuente personal con la intención de provocar sorpresa e interés en la audiencia. Suele ser el testigo, afectado o experto el que presenta su declaración con sus propias palabras. En este sentido, es un tipo de apertura que tiene más fuerza y credibilidad en radio que en prensa. Es posible que esta razón explique también la mayor frecuencia de estas aperturas en los reportajes en radio. No obstante, tampoco conviene abusar de ellas

Su incorporación, por tanto, debe estar justificada y conviene tomar las siguientes precauciones:
  ✓ Procurar que la declaración no sea tan parcial que, al colocarla al comienzo, distorsione el sentido general del reportaje. Por ejemplo, si es un tema polémico, citar a una sola de las partes significaría tomar partido. O si el personaje no es trascendente en el texto, le estaremos otorgando demasiada importancia.
  ✓ Intentar también que la cita tenga alguna originalidad y atractivo, ya sea por sus conceptos o por su vocabulario. Y debemos estar seguros de que nosotros no podemos componer algo mejor.
  ✓ Evitar los párrafos interminables, la sintaxis rebuscada y el vocabulario complejo. Además, la cita deberá ser corta y tener sentido por sí misma. Por el contrario, la cita bibliografía demasiado larga resta fuerza a este tipo de apertura.

## La apertura deductiva

Consiste en pasar de lo general a lo particular, de la situación al caso, de la abstracción al detalle que lo ejemplifica o confirma. Su peligro es que se caiga en lo discursivo, en la presentación del enunciado inicial y se aburra al oyente antes de pasar a algo más novedoso.

En el lado contrario, presenta la ventaja de que, al exponer la generalidad de un problema, lo particular adquiere mayor sentido y contexto. No obstante, se trata de un tipo de apertura menos frecuente, porque la estrategia más habitual suele consistir en ir de lo menor a lo mayor, y de lo particular a lo general.

## La apertura de parodia

Parodiar, imitar obras o estilos con cierto tono de burla o ironía es un viejo recurso del humor. Poemas conocidos, estrofas de canciones, refranes populares, etc. con alguna modificación pueden ser un recurso para llamar la atención. Aún así, no es muy frecuente en los reportajes en radio.

## La apertura de suspense

Es un buen recurso para atrapar y retener al oyente. Una manera relativamente fácil de lograrlo consiste en enunciar una serie de cualidades de algo y, posteriormente, identificarlo. Se plantea como una especie de adivinanza al oyente.

El riesgo consiste en elaborar tanto el acierto que termine por no entenderse. O en dar por supuesto un término con el que la mayoría de la audiencia no esté familiarizada. En este caso, la apertura no funcionará y el oyente perderá el interés por el reportaje. En caso contrario, querrá seguir escuchando hasta que se desvele el misterio.

## La apertura simbólica

En este caso, nos valemos de determinadas figuras, imágenes, objetos o relaciones para representar conceptos. Dicho de otro modo: utilizamos símbolos.

## La apertura de caso

Es lo contrario a la apertura deductiva. En este caso, en lugar de ir de lo general a lo particular, se va del caso particular a la situación general. Esto es lo más habitual. Aunque el proceso de investigación haya supuesto estudiar primero la situación más general para pasar después a analizar casos más concretos, en esta apertura el orden se invierte. Es decir, se comienza desde la exposición de un caso y de ahí se aborda el tema con una mayor perspectiva.

Al conocimiento del caso, le puede suceder después la descripción de la situación general o la presentación de nuevos casos. Ambas fórmulas resultan muy apropiadas, en la medida en que atrapan al oyente porque humanizan y amenizan el relato. De algún modo, estas entradas sirven para poner rostro y, en este caso voz, al reportaje.

**El desarrollo**

Considerado el cuerpo, la médula y el esqueleto del reportaje, se trata de la parte más extensa y la que contiene la mayor cantidad de información. En ella "se proporciona el grueso de los elementos del contenido, se sustenta el enfoque, se desarrollan los argumentos, se concatenan las narraciones y se aportan los principales datos, ideas e interpretaciones surgidos de la investigación periodística"

Elaborar el desarrollo del reportaje es una tarea compleja que requiere de numerosas habilidades. Lo más complicado será ser capaces de mantener la atención de la audiencia durante todo el relato.

Para ello, se pueden tener en cuenta alguna de las siguientes recomendaciones:
> Contar con un narrador que delimite y una de manera firme las partes del reportaje, estableciendo nexos consistentes entre ellas. Un narrador explícito es muy útil para desarrollar el reportaje de forma lógica, sintetizar aspectos concretos en un breve espacio de tiempo, o suministrar datos estadísticos, el nombre y cargo de las voces que intervienen así como el contexto de algunos de los puntos de vista que se expresen.
> Para adelantar las partes en que se ha estructurado el reportaje, podemos recurrir a sumarios, listas, recuentos, pero no demasiado extensos. Esto nos permitirá orientar mejor las expectativas de los oyentes y construir un texto redundante que resulte accesible a la audiencia
> Poner un cuidado especial en las transiciones: son un elemento esencial en el reportaje, ya que sirven de nexo entre los componentes del cuerpo del texto. Por eso, es importante cuidarlas evitando emplear frases muy manidas

como "por otra parte", "mientras tanto", "en otro orden de cosas", etc.

➢ Estas expresiones pueden ser válidas para la noticia pero en el reportaje resultan monótonas. Por eso, tendremos que procurar otros recursos como los nexos por reiteración, los sumarios, las listas, los recuentos o los contrastes.

➢ Procurar la mayor cantidad y calidad de testimonios, que sean lo suficientemente elocuentes para hablar por sí mismos. El reportaje es un texto que muestra una especial predilección por los sonidos  propios de la realidad. Pues bien: el desarrollo es la parte que concentra la mayor cantidad de sonidos, muchas veces en forma de testimonios de expertos, afectados o testigos. Todos ellos son seleccionados por su relevancia y pertinencia informativa.

➢ Respetar la atribución de fuentes. Uno de los rasgos del reportaje es la variedad y diversidad de sus recursos expresivos, también de las fuentes a las que acude el reportero para su trabajo. En radio, una excesiva atribución de fuentes puede ralentizar el texto, pero hay ocasiones en que esta atribución es necesaria, sobre todo cuando la declaración implique culpabilidad propia o ajena, exprese opiniones o sea una afirmación dudosa u opinable. Cuando se trate de datos o hechos simples no será necesaria

➢ Procurar incluir detalles que son como el crédito del reportaje y un truco para amenizar el relato y ganar en credibilidad. El detalle puede ser un diálogo, una escena, una situación, un enigma, o una frase sentenciosa. En cualquier caso, la presencia de detalles no corresponde sólo a la apertura sino que se procurará que estén diseminados a lo largo de todo el texto, sobre todo en aquellos de mayor extensión.

➢ Poner un especial cuidado en la redacción para radio empleando -como siempre- estructuras simples, frases cortas, verbos activos, modo indicativo, etc. En el lado contrario, evitaremos los incisos, las frases largas y subordinadas, la acumulación de complementos, la densidad de información, la voz pasiva, o el estilo nominal

Es cierto que, a diferencia de la noticia, el estilo del reportaje es más libre, creativo y literario. Aún así, siguen valiendo, también para la radio, las mismas normas elementales sobre la claridad, condición *sine qua non* de cualquier texto periodístico.

En la práctica, hay varios tipos de desarrollo, en función del tema que aborde el reportaje y del enfoque tenga. Aunque lo más frecuente suele ser el desarrollo por bloques o cronológico, existen también otras modalidades menos exploradas.

En concreto, los desarrollos del reportaje en radio pueden ser:
- Por bloques o temas.
- Cronológico.
- Dialéctico o de contrapunto.
- De escenas o casos.

Antes de describir los diferentes tipos, hay que decir que se trata sólo de los principales. Puede haber otros y además los que exponemos no se excluyen entre sí. En todo caso, lo importante es que la estructura que escojamos para nuestro desarrollo se ajuste a las necesidades de nuestro reportaje

Veamos ahora  en qué consiste cada uno de estos desarrollos.

**El desarrollo por bloques**
Es el tipo de desarrollo más común. Tal vez porque responde a un principio muy simple, pero socorrido: identificar las partes que componen una situación, desarrollar cada una de ellas, concatenarlas según la relación que guarden y facilitar esta unión mediante el uso de las transiciones. De esta forma, a cada bloque le corresponde desarrollar uno de los aspectos centrales del reportaje.

Para ello, hay que identificar primero las principales vertientes de un tema determinado, ordenarlas, componerlas y unirlas luego mediante transiciones. Como es lógico, tendremos que tener un cuidado especial a la hora de escoger estas transiciones para evitar que aporten significados no queridos. De conseguirlo, este desarrollo permite ir avanzando de modo progresivo en los diferentes temas que pueden converger en una misma situación.

Para componer cada uno de los bloques, partiremos primero de la idea principal que luego ampliaremos, mediante el uso de datos, ejemplos, declaraciones, explicaciones y narraciones. Una vez finalizado el desarrollo de este bloque, nos serviremos de una transición para pasar al siguiente apartado.

No obstante, tendremos que procurar introducir variedad en la estructura interna de cada uno de los bloques. En caso contrario, el texto resultará monótono y previsible. Por eso es importante alterar de vez en cuando el orden interno de cada uno de los bloques. Así, si en uno vamos de lo general a lo particular, en el siguiente lo podemos hacer al revés.

En la práctica, este tipo de desarrollos resulta especialmente útil cuando un tema tiene diferentes aspectos bien definidos y distintos ángulos desde los que merece ser analizado.

### El desarrollo cronológico

Este desarrollo también es bastante frecuente, sobre todo por su sencillez. En efecto, se trata de una de las formas más simples de organizar un relato porque consiste en contar los hechos en el orden en que tuvieron lugar. En este sentido, este desarrollo cuenta con una amplia trayectoria en la tradición literaria y presta a la redacción radiofónica muchos de sus recursos.

### El desarrollo de contrapunto

Denominado también dialéctico, no es un tipo de desarrollo tan habitual como el de bloques o el cronológico. Se utiliza sobre todo para aquellos temas polémicos en los que no existe un consenso generalizado: hay diferentes posturas y éstas son contrarias e irreconciliables.

El objetivo del reportaje es presentar la diversidad de argumentos que tienen los distintos actores implicados en el tema para que la audiencia se pueda formar una idea cabal sobre el sentido del debate. Dicho de otro modo: más que conocer los diversos aspectos de un tema o exponer su desarrollo cronológico, lo que interesa ahora es conocer mejor una realidad, explorando sus contradicciones

Para ello, debemos seguir una serie de pasos: primero hay que seleccionar un tema polémico, sobre el que existan opiniones diversas. Después, escogeremos un grupo de personas que tengan alguna implicación en él. Lo importante es que representen las diversas posturas que pueden existir.

Una vez que hayamos escuchado las diferentes versiones, tendremos que identificar los aspectos fundamentales sobre los que se desarrolla el debate a interrogar a las fuentes sobre ellos.

**El desarrollo por escenas**
Es un tipo de desarrollo que, sin ser tan habitual como el cronológico o el de bloques, se ha ido haciendo más popular, posiblemente por la influencia de los medios audiovisuales y, en especial, del cine. La radio también se ha sumado a este modo de contar y este estilo ha logrado impregnar parte de la actual narrativa del reportaje.

En esencia, este desarrollo consiste en superponer escenas, para ilustrar las facetas más desconocidas de un personaje o situación. Es un tipo de desarrollo muy descriptivo que requiere del reportero una gran capacidad de observación y un manejo notable del lenguaje para elaborar descripciones que resulten elocuentes y apoyen el contenido de lo que se quiere expresar. En este sentido, se presta un cuidado especial a los detalles y se procura reflejarlos de manera fiel a la realidad.

**El desarrollo por casos**
Es una modalidad muy parecida en lo estructural a la anterior, y su auge se explica también por la mayor cultura audiovisual que ha posibilitado el cine. La diferencia esencial es que ahora lo que se superponen no son escenas sino casos: experiencias independientes, aunque vinculadas como criterio organizativo.

Las opciones son diversas. Se puede elaborar un reportaje en el que se narran las vivencias de varias personas que viven o sufren una misma situación o bien otro en el que se contrastan dos historias opuestas, algo así como la cara y la cruz. Este tipo de estructura tiene mucho sentido cuando en la realidad existen esos diferentes casos y cuando, mediante ellos, el reportero puede ejemplificar la globalidad de las situaciones que desea analizar.

## El cierre

Es la parte final del reportaje, el "broche de oro" con que se cierra y que hace sentir al oyente que no faltó nada importante por tratar. El hecho de que vaya al final no justifica que tenga una importancia menor y que, por tanto, se pueda descuidar. Todo lo contrario, al ser la radio un medio efímero, en el que el oyente no suele contar con la posibilidad de volver hacia atrás, siempre tenderá a recordar lo último que se le cuente. Por eso, su elaboración requiere un cuidado especial.

Para ello, el cierre tendrá que cumplir los siguientes requisitos
- Breve: no puede ser demasiado extenso, no es el momento para añadir nuevos datos puesto que el cierre cumple también una función de redundancia.
- Concluyente: debe ser el final lógico del camino y proporcionarnos la conclusión, la demostración de la tesis de partida, el colofón final, el desenlace de la trama. La respuesta a la pregunta planteada en la apertura, la idea con que el reportero necesita que al final retenga la audiencia.
- Paulatino: debe mantener una ligazón con la última parte del desarrollo; es decir, el oyente no debe percibir un salto brusco, un cambio radical, se debe introducir de manera suave para que quede natural.
- Original: como corresponde a un texto que tiene en la originalidad uno de sus rasgos más específicos. Esto excluye el cierre precipitado, brusco o demasiado escueto.
- Lógico y congruente con el texto que corona.

## Opciones para su elaboración

Para elaborarlo, existen tres opciones básicas:

- Resumir el contenido principal.
- Ofrecer una propuesta.
- Incitar a la acción.

En función de la estrategia propuesta, los cierres pueden ser:
- De retorno.
- De conclusión.
- De caso.
- De moraleja.
- De instancia a la acción.
- De pregunta.
- De proyección.
- Anticlimático

### *El cierre de retorno*

Se finaliza con el mismo elemento que se empleó en la apertura. Gracias a él se logra dar al relato trayectoria circular y ceñirlo dentro de los límites precisos que ayudan a producir una impresión de trabajo terminado.

### *El cierre de conclusión*

Denominado también de resumen, es aquel reportaje en el que el narrador sintetiza los elementos esenciales u obtiene alguna conclusión de ellos. Es característico de reportajes en los que, tras exponer las opiniones y los datos que conforman el problema, se sintetizan las conclusiones lógicas. Sin embargo, lo que se diga no debe sonar como una imposición al oyente. Es mejor utilizar un estilo más sutil y discreto.

### *El cierre de caso*

El reportaje termina destacando una experiencia particular, o personificando el asunto en un protagonista. De esta forma se establece una fuerte identificación con el oyente. En su elaboración es frecuente que el reportero vuelva al principio y a menudo se retoma la anécdota citada en la apertura.

### El cierre de moraleja
Al igual que ocurre en las fábulas, este cierre pretende destacar una enseñanza determinada, recordar cuál ha sido la lección aprendida después de haber escuchado el relato. El propósito es didáctico e instructivo. Sin embargo, en general, es mejor evitarlo. Los riesgos son dos: por un lado, explicitar en exceso una moraleja puede significar subestimar de algún modo la inteligencia de nuestros oyentes: como si ellos no fueran lo suficientemente capaces de extraer la lección por sí mismos.

Por otro, elaborar la moraleja nos puede conducir a los terrenos pantanosos de la opinión expresa del reportero, algo que no resulta legítimo en el reportaje y para lo que existen otros géneros. No obstante, en algún caso puede estar justificado un cierre de estas características.

### El cierre de actuación o instancia a la acción
Es un cierre que insta a los oyentes a la acción. Pretende sacarles de su conformismo respecto a un tema y trata de que tomen postura y se impliquen de tal forma que se sientan motivados para actuar. Aunque en ocasiones puede tener sentido, en general conviene también evitarlo.

Igual que en el caso anterior, instar a la acción -a las autoridades o a los ciudadanos- tiene sentido en géneros como el editorial, el debate o el comentario, pero en el reportaje supone una interferencia porque adquiere el carácter de un texto de opinión. Puede estar justificado, sí, en un reportaje de carácter promocional, para dar a conocer una ONG o institución.

### El cierre de incógnita
El cierre consiste en la formulación de una pregunta: retórica, se entiende pero con la que se pretende hacer reflexionar a la audiencia. De esta forma, el reportaje queda abierto, a diferencia de lo que ocurre en otros casos. Este cierre es relativamente frecuente en la narrativa publicitaria pero no tanto en el reportaje en radio. De hecho es un tipo de cierre que conviene evitar.

Tiene sentido en algunos casos; por ejemplo, se justifica cuando el propósito del reportaje ha sido precisamente manifestar que, respecto a un tema, todavía hay preguntas sin respuestas (ej: en la investigación sobre un suceso que no se termina de aclarar). No obstante, es un tipo de cierre que se debe rehusar, sobre todo cuando lo utilizamos porque no se nos ocurre un modo mejor de terminar el reportaje.

En este mismo sentido, frases como las de "el tiempo dirá", o "habrá que esperar para obtener alguna conclusión definitiva", resultan demasiado tópicas y suelen indicar un trabajo deficiente por parte de los autores.

## *El cierre de proyección o futuro*

Es otro modo de dejar abierto el reportaje. En este caso lo que se exponen no son interrogantes o incógnitas sino posibles acciones: situaciones que se pueden producir a partir de ese momento. Es un tipo de cierre muy utilizado en la cobertura de informaciones sobre sucesos o también en aquellos reportajes que versan sobre situaciones o fenómenos emergentes que no se sabe si se van a terminar de implantar. Con estos cierres, se pretende preparar al oyente para lo que pueda venir.

## *El cierre "anticlimático"*

Finalmente, este cierre pretende aminorar la tensión del reportaje al ofrecer algún detalle significativo o curioso de un hecho o personaje que simplemente oxigene el final. Existen diversas opciones para ello: se puede hacer uso de una cita, de una anécdota, de evocaciones y quizá hasta reflexiones o ironías. En todos los casos, el tono ligero desinfla la tensión que había surgido.

## Los elementos del reportaje

El reportaje radiofónico consta de los siguientes elementos:

- ✓ Información lineal.
- ✓ Ambiente.
- ✓ Acción.

✓ Testimonios.
✓ Ilustraciones sonoras.
✓ Realización y/o montaje.

## La información lineal

En la elaboración de un reportaje existe una parte informativa "estática" o lineal que es la que se aporta mediante la redacción de textos en forma de:

- Datos: (se puede ofrecer una relación completa de los datos necesarios para introducir el tema o bien intercalarlos fragmentariamente en el transcurso del reportaje).
- Noticias: (si se trata de un reportaje argumental, las noticias intercaladas facilitan un orden cronológico).
- Crónicas: (amplían aspectos del tema abordado desde la perspectiva de un corresponsal o enviado especial)
- Informes: (un informe bien planteado puede servir de base a un reportaje, simplemente dotándolo de acción y descripción)
- Documentación: (la hemeroteca, el archivo, la biblioteca y la fonoteca son valiosos complementos informativos para un reportaje)

## El ambiente

La expresión de las circunstancias que acompañan o rodean los hechos que contamos en un reportaje, se consigue mediante la descripción fiel y ajustada a la importancia que tenga en cada caso:

- El espacio físico, el lugar geográfico donde ocurren los hechos.
- La forma y el aspecto externo de las cosas.
- Descripción de los tipos: los rasgos diferenciales, el aspecto y el porte de las personas. No es necesario que sean excepcionalmente para resultar interesantes.
- El marco inmediato: el entorno familiar, doméstico, laboral y social.
- El tiempo climático.
- El ambiente sonoro: el fondo real de los ruidos, naturales o artificiales, (conversaciones, susurros, risas, llantos, gritos,

viento, sirenas, motores..., por sí solos resultan tan descriptivos como una imagen visual).

## La acción
Es perfectamente viable la realización de reportajes sobre seres inanimados. En ese caso, la acción queda plasmada por la sucesión de documentos sonoros o la trabazón, mediante relato oral, de lo que sucede, se hace o se mueve. En esta forma de argumento, se establece una unidad lógica sin necesidad de atenerse al esquema de exposición/nudo/desenlace, propios de las obras literarias o cinematográficas.

En el reportaje de actualidad, la acción queda plasmada mediante el relato o la narración de los acontecimientos a medida que transcurren, bien a través del informador que los contempla, bien a través del registro sonoro de esa realidad o bien de ambas formas al unísono.

## Los testimonios
La presencia y la intervención humana en los acontecimientos se hacen patentes en la radio por medio de los efectos sonoros y sobre todo a través de la voz. En el reportaje se pueden incluir:
- Impresiones: manifestaciones breves e improvisadas de los protagonistas o testigos de un hecho.
- Declaraciones: extractos de manifiestos, discursos o ruedas de prensa.
- Entrevistas: en el reportaje, las entrevistas son preferentemente breves para no romper el ritmo, naturales y significativas.
- Encuestas: un número suficiente de opiniones sobre el tema que se trata.

## Las ilustraciones
Son complementos que confieren agilidad y contribuyen a una más grata presentación del desarrollo del tema. Están compuestas por:
- Recursos sonoros.
- Sintonías.

- Ráfagas.
- Música y canciones (no deben primar sobre los restantes factores)
- Efectos.

## La realización y montaje

Un reportaje en directo supone la coordinación sobre la marcha de los componentes hablados y sonoros que conforman la unidad narrativa. Esta función es una de  las más complejas de la realización radiofónica y consiste en ir dando paso a su debido tiempo y con la duración preestablecida, a cada una de las fuentes que aportan información: conexiones con la unidad o unidades móviles, corresponsal o enviado especial, intervención desde el estudio del informador que aporta datos o entrevista a un invitado, posible intercalación de documentos expresamente grabados para complementar las informaciones, etc.

El realizador debe conferir continuidad a esta sucesión de elementos fragmentarios indicando los cortes que considere convenientes para introducir recursos, ráfagas musicales y sintonías, y utilizando estos mismos recursos en las posibles pausas, tiempos muertos o retrasos que se produzcan en la secuencia de las conexiones.

El reportaje en diferido requiere una minuciosa labor de montaje. La ordenación de los distintos elementos (lineales, narrativos, testimoniales, documentales e ilustrativos) una parte de los cuales, o todos ellos, han sido previamente grabados. El reportaje en diferido permite una estructura narrativa más elaborada y una selección más precisa de textos y voces.

# CAPÍTULO IX

## EL PAPEL DE LA MÚSICA

La música se halla vinculada a la radio desde sus orígenes, dado que su "materia prima" (el juego de los sonidos) es la misma. Se podrían establecer tres formas de utilización de la música en la radio:

- ✓ Como el elemento "sustantivo" de la emisión. Su objeto fundamental.
- ✓ Como "adjetivo" del hecho emitido. Es su envoltorio, su ornamentación. En esta segunda forma podríamos distinguir dos funciones: la música como complemento y el montaje musical. Este último, entendido como parte de un todo indivisible, como elemento de una narración, como ambientación.
- ✓ Como enlace de secciones, refuerzo de fragmentos, separadora de bloques. Es por tanto una función a veces reflexiva, de respiro, de "digestión" de la palabra escuchada.

Según su forma y su utilización, esos fragmentos pueden ser:

*Sintonía:* portada de espacio. Fragmento de música que anuncia el programa. Por tratarse de un reclamo a la atención deberá destacar por sus características. Así, de no ser un espacio muy específico que requiera un tipo de música concreto, la sintonía se realizará con una música dinámica, de fácil memorización, no excesivamente larga y que produzca una sensación agradable al oyente. Unas notas que predispongan favorablemente ante lo que se va a escuchar. No es gratuito asegurar que algunos espacios han quedado en la memoria de la gente por la sintonía que utilizaron, aún después de desaparecer de la programación.

En ocasiones la sintonía se utiliza desnuda, sin presentación verbal. En este caso es el propio presentador el que, con su saludo y su comentario inicial, introduce el programa. Otras veces, la sintonía forma parte de una "careta de entrada" ya previamente grabada con voz. Puede repetirse como despedida del programa, con los mismos ingredientes sonoros que en la entrada o con otros diferentes.

*Fondo musical:* soporte sobre el que discurre la palabra. Suena en segundo plano y arropa el mensaje. Requiere una forma discreta y un volumen moderado para no interferir. Por ello debe tratarse de una instrumentación suave (cuerda o piano antes que metal o percusión), no cantada y de tema intrascendente, excepto en los casos que debe crear ambiente, para los que se usará partituras más descriptivas. En esta última circunstancia se trataría, no obstante, más de un montaje musical propiamente dicho que de un fondo optativo con fines estéticos.

En los programas informativos se suele utilizar un fondo musical para anunciar los titulares de las noticias a desarrollar. Entonces no es válido lo apuntado, ya que se suele seleccionar una música viva, sincopada, reiterativa y brillante, por lo que se acude a menudo a los instrumentos electrónicos. En el resto del programa no se utiliza música de fondo, y en el caso de hacerlo debe vigilarse la intencionalidad que, subliminalmente, puede añadirle a la lectura de la noticia.

*Ráfaga:* punto y aparte. Fragmento breve y ágil de utilización preferentemente en informativos. Según su duración y formato puede comportar varios significados: Si es muy breve puede entenderse como "punto y seguido" de dos temas semejantes dentro de un mismo bloque, y si es algo más larga, indica separación de apartados distintos.

Si es parte de la sintonía se convierte en "logotipo"; su misión es recordar al oyente el espacio que se está escuchando. Si es suave y larga ("cortina musical") puede utilizarse como recurso ante una conexión que no llega o la respuesta de un concursante que quiere agotar el tiempo asignado a su pregunta, por citar dos ejemplos.

Las ráfagas están formadas a veces únicamente por tres o cuatro notas. Se trata entonces más de un "golpe musical" que de una ráfaga propiamente dicha. Modernamente sustituye a los antiguos gongs o escalas de xilófono que se utilizaban hasta hace unos años. Realzan un punto concreto y se usan, por ejemplo, para subrayar enumeraciones de cosas o aspectos del enunciado que lee el locutor/a. No es conveniente abusar mucho de las ráfagas ya que su empleo excesivo comporta estridencia y dispersión en la atención del oyente.

***Telón***: fragmento que "resuelve" Cierra un pasaje o programa completo. En los dramáticos se han utilizado habitualmente los últimos compases de movimientos brillantes o finales de composiciones espectaculares. Una excesiva grandilocuencia, no obstante, los hace hoy desaconsejables para programas convencionales, por lo que se suele optar, simplemente, por rebajar paulatinamente el volumen de la sintonía de salida hasta que desaparece.

***Puente***: música instrumental de recurso para llenar vacíos de antena. Se recurre a ellos cuando dos programas grabados sucesivos no se han ajustado, por defecto, al tiempo real, cuando se espera una conexión o cuando se retrasa el hecho a transmitir, con el fin de no aburrir con la verborrea del comentarista.

Si la entrada en antena del contenido esperado se demora en exceso, conviene no abusar de él, por lo que se alternará con otros recursos, como indicativos, comentarios desde el estudio, recordatorio de la situación en que se halla la programación (en especial de cara al oyente que se ha incorporado cuando sonaba "el puente"), promociones de otros espacios, publicidad en su caso, etc.

***Indicativo de la emisora:*** si bien se suele utilizar la palabra para anunciar o recordar con qué emisora está sintonizando el oyente, en ocasiones aquélla viene reforzada  por una música especial que únicamente  usa esa estación o cadena, por lo que suele  estar especialmente compuesta para el caso. Si la música en cuestión ya se ha hecho popular, se puede emplear sin soporte hablado. Para ello, y con objeto de dar variedad a los indicativos, se hacen versiones distintas (en duración, instrumentación, efectos)

A veces se trata únicamente de un sonido sin fin (campanitas, xilófono, etc.) que se utiliza para las conexiones en cadena con la finalidad de dar aviso al resto de las emisoras desde la cabecera de la red, o en caso de interrupción de la emisión por  algún incidente técnico. En este último caso se lanza al aire el indicativo desde los equipos del centro emisor para recordar al oyente que se está a la espera de solucionar la avería que interrumpió  la programación habitual.

***Encadenado o fundido:*** enlace de temas distintos. En ocasiones se trata únicamente de dar continuidad a una música que finaliza, a veces de crear un clima distinto o bien de utilizar un simple recurso estético. Si no se pretende un contraste específico que sorprenda, debe vigilarse el carácter  de la partitura con el fin de evitar brusquedades.

Es desaconsejable también el fundido  entre piezas cantadas de no ser un montaje  especial (muestrario de diversas interpretaciones de un mismo cantante, contraste entre dos versiones de una misma canción,  etc.). Se trata  únicamente  de  ir  disminuyendo paulatinamente hasta cero el volumen de la música que está sonando, al tiempo que se aumenta  suavemente la nueva pieza.

**Los efectos especiales**

Para el creador sonoro, los efectos son sus favoritos. No sólo ofrecen un sin fin de posibilidades, sino que los mismos efectos, en un sin fin de combinaciones, pueden producir los resultados más variados. Su papel en la producción radiofónica tiene semejantes misiones y condicionamientos a los de la música. A ambos se les ha comparado con el decorado teatral. Si la escenografía es sustancial en el teatro, es evidente que nunca puede interferir o sustituir al texto interpretado; de igual manera, los efectos están subordinados a la palabra y tienen un papel concreto que conviene mesurar.

Así, necesitaremos sonidos que nos sitúen la acción en un lugar exacto (una estación de tren, una oficina, un mercado..), sonidos que nos inciten a sensaciones concretas (el latido de un corazón denotará ansiedad; el chirriar de una puerta, miedo; unos pasos que se acercan, inminencia de peligro; una carcajada sarcástica, crueldad; el golpear de un postigo, abandono), sonido que nos trasladen de escenario (un medio de comunicación - coche, avión, tren o barco - poniéndose en marcha o parando y que transporta a los personajes; un encadenado de sonidos  ambientales que nos marquen claramente la diferencia de ubicación; el cambio a una resonancia especial que nos sugiera el paso a un ámbito amplio), etc.

**La edición y el montaje**

Se entiende por edición el proceso de audiencia, anotaciones y guionización de la grabación, mientras que el montaje es la mezcla posterior según se haya previsto en la operación de edición.

Si bien los profesionales de radio escogemos el directo como forma de trabajar en el caso de poder elegir, no hay duda que la posibilidad de realizar un programa grabado comporta ventajas incuestionables. Las posibilidades de trabajar una grabación dan un amplio margen a la creatividad del equipo, y la radio entendida como un laboratorio de sonido encuentra su principal técnica en esa elaboración, minuciosa de cada pasaje.

Pero es que, además, en las actuales formulas de hacer radio, donde se mezclan todos los géneros y se ha abandonado la antigua producción  de músicas y sonidos en riguroso directo, el uso de fragmentos pregrabados y montados con anterioridad es habitual. En el caso de un reportaje o una encuesta, por ejemplo, es impensable radiarlos como se grabaron en un primer momento. De ahí que trabajar sobre el sonido registrado sea una de las técnicas a dominar.

Así, nos podemos encontrar que nos interese radiar fragmentos en diferente orden a como fueron grabados, reducir la duración total del espacio para adaptarla al minutaje  prescrito, eliminar errores técnicos o de contenido, mezclar músicas o sonidos que den el contrapunto a la palabra o transferir el sonido de una grabación a otra... Por todas esas razones se hace necesario editar la grabación para después montarla.

### El montaje

El proceso de realización de un montaje sonoro se inicia con una lectura analítica del guión, con el fin de anotar todas las características que se entiendan destacables: época, situaciones, ambiente, tipología de los personajes o de los temas, así como las acotaciones técnicas: duración de cada pasaje, plano, volumen, etc.

El montador/a también decidirá sobre los efectos especiales que pueden haber estado o no previstos por el guionista y asesorará al responsable del programa en cuanto a voces. Una vez asumida la "idea" del guión, el montador se plantea el tipo de música o músicas a utilizar según el sentido  que le quiera dar. Pasa a escucharla y a confrontarla con las notas tomadas. Si se ajusta a lo previsto, incluye en el guión las indicaciones necesarias y sólo le resta  dirigirse a la sala de montaje para la realización definitiva.

### Las técnicas del montaje radiofónico

Cualquier emisión es válida para darnos cuenta de que los distintos componentes del lenguaje radiofónico que la conforman (voz; voz y música; voz, música y efectos, etcétera) se van sucediendo de manera ordenada.

Esta armonía es fruto del montaje radiofónico, mediante el cual se dispone y combina dos o más sonidos radiofónicos simultáneos y/o continuos de acuerdo a un tiempo, espacio y ritmo en los que cada uno adquiere su valor por la relación establecida con los anteriores o posteriores sonidos o con ambos.

Sin embargo, ésta es sólo una primera aproximación al montaje, ya que, gracias a sus diferentes técnicas, las posibilidades que se nos presentan son prácticamente infinitas. Hay que tener en cuenta que la producción y reproducción sonora de la radio es, antes que nada, un proceso técnico, en virtud de las características tecnológicas que definen el acto radiofónico.

Este proceso técnico implica la manipulación electrónica y mecánica de los fragmentos de la realidad sonora: se pueden cortar y mutilar los segmentos de la realidad previamente grabados por el material reproductor del sonido; se pueden alterar las cualidades y naturaleza de la fuente sonora, por variación de los micrófonos, ecualización, velocidad de disco/cinta, etc., resultando un sonido distintos del que habíamos percibido en un principio; en resumen, operaciones de montaje técnico y trucaje sonoro que ponen la tecnología radiofónica al servicio de la creatividad y la intención comunicativo-expresiva del autor del mensaje radiofónico.

## El fundamento del montaje

La arquitectura de un determinado montaje radiofónico se fundamenta, con independencia de que éste sea más o menos complejo, en torno a dos ejes:
- El eje de la simultaneidad.
- El eje de la sucesión.

Vamos a ver sus características.

*Eje de la simultaneidad:* la radio, por sus características técnicas y su capacidad de poder generar perspectivas y espacios mediante la combinación de distintos planos, permite presentar dos o más hechos al unísono. Este eje posibilita la superposición de las distintas materias primas que conforman el lenguaje radiofónico.

*Eje de la sucesión:* permite la unión, mediante enlaces imperceptibles, de materias primas que se van sucediendo en el tiempo de manera yuxtapuesta, es decir, unas detrás de otras.

Es muy importante tener en cuenta que en ambos casos, tanto si dos o más sonidos coinciden en el tiempo como si aparecen uno tras otro, debe existir lo que en los medios audiovisuales se denomina *raccord*. En radio, el *raccord* hace referencia a todos aquellos aspectos que facilitan la continuidad, la unión, el enlace, entre dos o más elementos sonoros, ya suenen por superposición, ya suenen por yuxtaposición. Así, cuando hablamos de *raccord* entre voz y música, estamos aludiendo a esos aspectos que hacen que ambas materias guarden relación.

El concepto de *raccord,* un vocablo de origen francés, procede del mundo del cine. En este ámbito, y también en el de la televisión, *raccord* se refiere a cualquier elemento de continuidad entre dos o más planos visuales. Cuando esta continuidad se rompe (que no es extraño), se habla entonces de ruptura de *raccord*. En cine, ocurre cuando, por ejemplo, una puerta que se abría hacía la derecha en una secuencia luego lo hace hacia la izquierda; un actor que entra en un restaurante con una americana gris luego sale del mismo con una americana azul, etcétera.

## El montaje músico-verbal

El montaje músico-verbal aparece en la radio cuando se combinan esas dos materias primas que imperan en la programación actual, es decir, la voz y la música. En este tipo de montaje, el *raccord* cobra una especial importancia, ya que, partiendo de lo que antes apuntábamos, es un elemento vital en la locución con música, en tanto que facilita la conexión música/voz.

Este tipo de montaje no afecta a una tipología de programas, sino que puede presentarse en la recreación de una secuencia de ficción, en el desarrollo de un anuncio publicitario, en la presentación de un disco como espacio de un Magazine informativo matinal, en el sumario de un noticiario, etcétera. Por eso, en función de la tarea encomendada, al afrontar un montaje músico-verbal el locutor/a puede hacer uso de uno o de varios *raccord* sonoros a la vez, teniendo en cuenta la siguiente tipología:

> ➢ ***Raccord de contenido o temático:*** aparece cuando el enlace música/voz se produce porque el significado de las palabras del locutor/a y el significado de la música coinciden en el mismo tema o asunto. Así, por ejemplo, existiría *raccord* de contenido cuando el radiofonista habla de la paz entre los hombres mientras en segundo plano suena la versión rockera del *Himno a la Alegría* que editó hace ya algunos años el cantante español Miguel Ríos..

> ➢ ***Raccord de repetición:*** la continuidad entre música y voz viene dada por la reiteración textual de algún fragmento del tema que estemos escuchando o vayamos a escuchar. Este es un recurso muy utilizado por los locutores de las radio fórmulas musicales.

> ➢ ***Raccord de intensidad:*** consiste en adecuar el volumen de la voz a la intensidad de la música. En un montaje con una pieza clásica, en la que las variaciones de intensidad son abundantes, es fundamental hacer un buen uso de este *raccord,* como también lo es, por ejemplo, en la retransmisión en directo de un concierto.

> ➢ ***Raccord tonal:*** aparece cuando el locutor/a manipula el tono de su voz con el fin de adaptarlo a los tonos que predominan en la composición musical con la que se elabore el montaje. Esta adaptación neutraliza posibles incongruencias sonoras, como sucedería, por ejemplo, en el caso de que el radiofonista se expresara con un tono agudo sobre una melodía tenebrosa en la que imperasen los graves.

> ➢ ***Raccord rítmico:*** muy utilizado también en los montajes músico-verbales que aparecen en las radio fórmulas musicales, este *raccord* se da cuando el locutor/a adecua el ritmo de su discurso verbal al ritmo que presenta la melodía que acompaña su voz.

## El recurso de la cuadratura. ¿Cómo conseguir un buen montaje músico/verbal?

En el argot radiofónico utilizamos el término *cuadratura* para referirnos a lo que podríamos denominar como la figura ideal del montaje músico/verbal. En radio se *cuadran* los discos, pero también las caretas de entrada y salida, las cuñas publicitarias, etcétera.

La *cuadratura* consiste en combinar armónicamente la presencia y la ausencia de la voz del radiofonista sobre la música. Siempre en función de la música, el locutor/a inicia su discurso, lo interrumpe, lo retoma o lo finaliza en lugares que se han fijado previamente y que vienen determinados por la propia música.

Lo normal es que estos lugares coincidan con un cambio de ritmo muy pronunciado, o con la aparición de la voz del cantante, o de un instrumento nuevo. En cualquier caso, es necesario respetar los compases y las frases musicales, y no *pisarlos* con la locución.

## Técnicas de montaje: las figuras

Con independencia de la *cuadratura,* que sólo afecta al montaje músico-verbal, en el terreno de la realización radiofónica existen otras figuras que nos van a ser muy útiles para, desde un punto de vista estético, evitar brusquedades y enlazar armónicamente dos o más sonidos.

Desde una perspectiva semántica, estas otras figuras, de las que ahora hablaremos, aportan también significado, en tanto que nos van a servir para narrar radiofónicamente traslaciones temporales y espaciales, historias que suceden al mismo tiempo en distintos lugares, etc.

Veamos cuáles son esas figuras del montaje.

*Fade In:* se llama así a la aparición progresiva del sonido que, partiendo del punto 0, acaba situándose en Primer Plano.
Gráficamente, el *Fade In* podría representarse de esta forma:

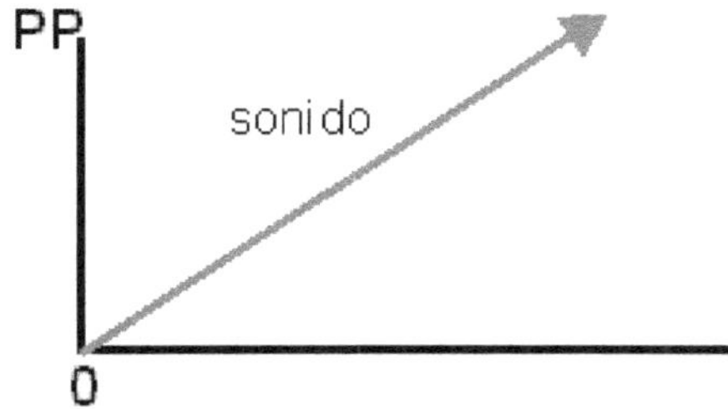


**Fade Out:** es la figura contraria al *Fade In.* Consiste en la desaparición progresiva del sonido desde Primer Plano hasta llegar al punto 0.

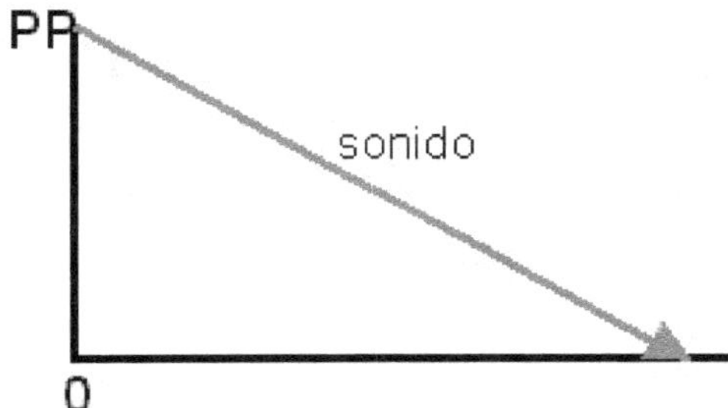


**Resuelve:** representa, al igual que el *Fade Out,* una forma de desaparición del sonido. Sin embargo, a diferencia del anterior, la voz, la música, el efecto, o todo lo que esté sonando a la vez, desciende de golpe al nivel 0, nunca de manera progresiva.

**Fundido Encadenado:** esta es una figura del montaje radiofónico que se da cuando, al unísono, lo que está sonando en Primer Plano desciende progresivamente hasta el punto 0, al tiempo que otro u otros sonidos emerge/n desde 0 hasta situarse en Primer Plano. Es muy importante observar que, en un momento determinado, los sonidos se cruzan.

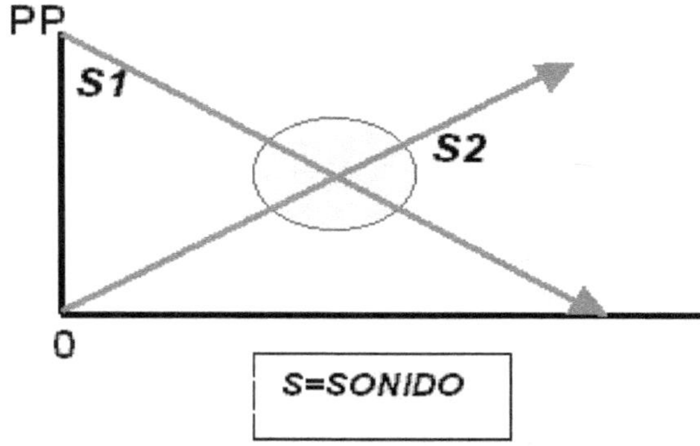



***Fundido:*** aunque tiene ciertas similitudes con el Fundido Encadenado, cuando se ejecuta un Fundido no se cruzan los sonidos, sino que en el momento en que uno está a punto de desaparecer emerge el otro, produciéndose un breve silencio. En el siguiente gráfico se observa con claridad la diferencia.

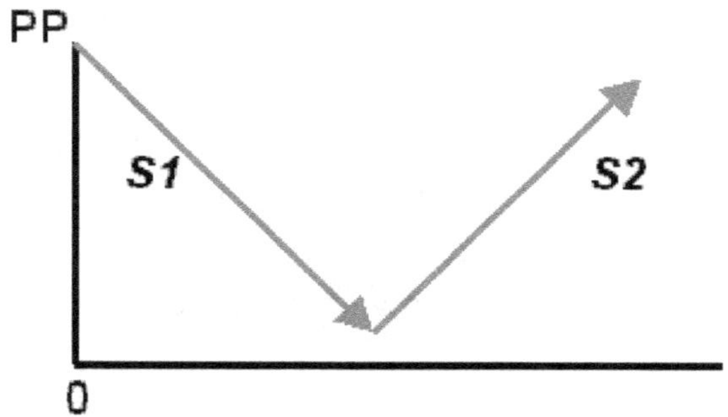



***Encadenado:*** como su propio nombre indica, consiste en encadenar (uno tras otro) los sonidos, pero siempre en el mismo plano.

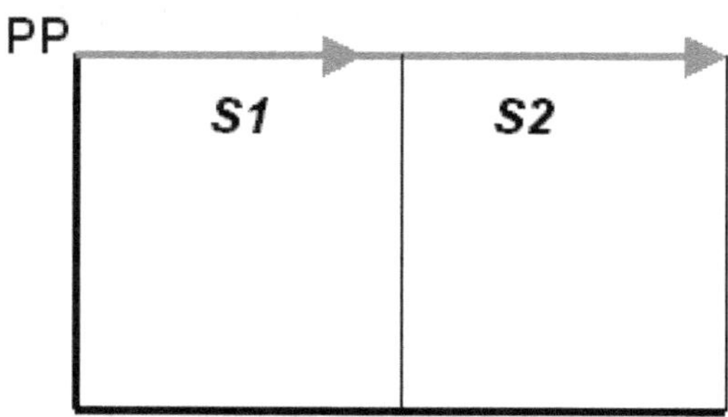

**A tener en cuenta sobre las figuras del montaje**

Lo normal es que todas y cada una de estas figuras se generen desde la mesa de mezclas, aunque, en ocasiones, también pueden ser producidas en el propio estudio de radio. Por ejemplo, en un Fundido Encadenado entre las voces de dos locutores. En este caso, bastaría con que el locutor/a que está hablando en Primer Plano fuera alejándose progresivamente del micrófono, mientras, al mismo tiempo, el segundo hiciera justamente lo contrario, es decir, acercarse progresivamente hasta situarse en Primer Plano. De la misma forma, también se pueden hacer las figuras del *Fade In* y del *Fade Out.*

Por otra parte, algunas figuras pueden ser combinadas, lo que enriquece las posibilidades que ofrece el montaje radiofónico. Nada impide, por ejemplo, ejecutar un *Fade Out* seguido de un *Fade In,* algo que sería muy parecido al Fundido pero con la particularidad de que en este caso el sonido que desaparece llegaría hasta el punto 0, mientras que el que emerge lo haría también desde ese mismo punto.

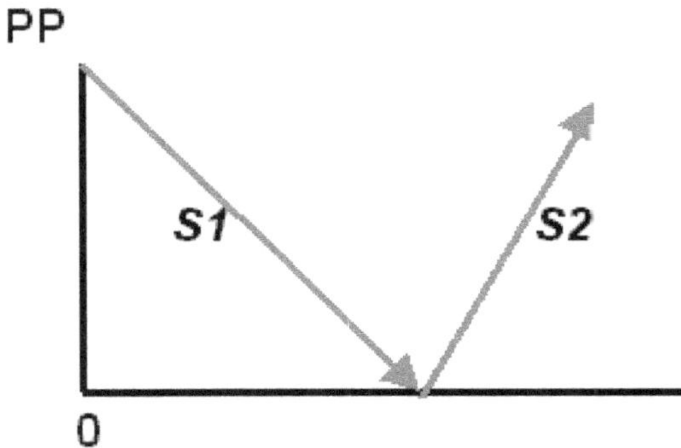


De la misma manera, también perfectamente válido combinar un Resuelve con un *Fade In*

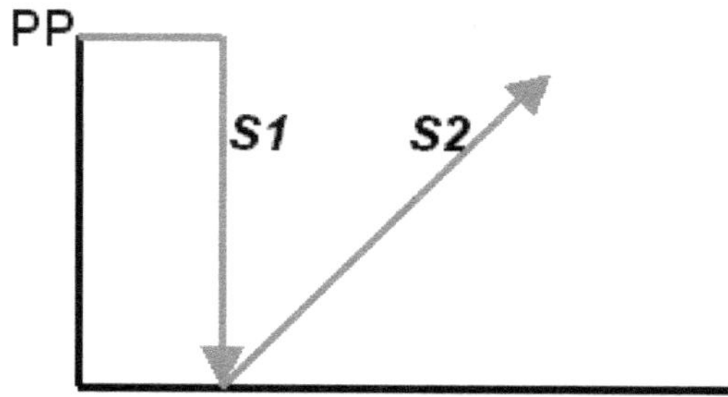


Por otra parte, es importante que se tenga muy en cuenta que para poder ejecutar un Fundido Encadenado o un Fundido debe existir algún sonido en Primer Plano. De lo contrario, será imposible llevarlo a cabo.

**Advertencias sobre la utilización de la música en el montaje radiofónico**

En los diferentes manuales sobre producción audiovisual, así como en aquellos que se centran únicamente en el medio radio, se puede encontrar una serie de consejos sobre la utilización de la música. Las recomendaciones afectan sobre todo al montaje músico-verbal, aunque, también son útiles para otro tipo de montajes, especialmente en el terreno de la llamada ambientación musical.

En primer lugar, conviene que se sepa que no es apropiado hacer uso de una música o de una canción demasiado conocida, ya que puede desviar la atención del receptor. No obstante, si nuestra pretensión es otra, como que el oyente asocie con una canción una marca o un producto que se está publicitando, entonces sí estará justificado utilizar un tema conocido. Combinar con la voz una música que tenga demasiados tonos agudos puede enmascarar el discurso verbal e impedir su correcta descodificación.

Utilizar para el montaje músico-verbal una melodía que tenga largos períodos de intensidad muy baja no es aconsejable, ya que el oyente puede tener la impresión de que existen problemas técnicos. Además, si la locución se ejecuta con una intensidad elevada, apenas se percibirá la música.

Los títulos conocidos no sólo pueden desviar la atención del oyente, sino que además denotan un escaso sentido de la creatividad. Es conveniente utilizar músicas que por las sensaciones que despiertan sean adecuadas anímica o imitativamente a aquello que se está describiendo.

Por otra parte, hay que alertar sobre el abuso de la música de época. Esta música es buena para situar, ubicar en el tiempo, pero no es necesario que, por ejemplo, una escena de terror que se desarrolle en la Viena del siglo XIX la tengamos que ilustrar con un Vals, o que una secuencia que tiene lugar en la época del Barroco tengamos que acompañarla con una melodía de Juan Sebastián Bach.

**Errores en el montaje**
En el montaje musical se pueden cometer errores muy comunes. He aquí algunos:
- ✓ Utilizar la música por su título:
    - "Sinfonía de los juguetes" para ambiente de niños.
    - "Canción de Cuna" para un recién nacido.
    - "En el Sendero" de la Suite del Gran Cañón, para camino.
- ✓ Abusar del tópico:
    - Marchas de Sousa para natación.
    - Pasodobles para ambiente taurino.
    - Música folklórica para antropología geográfica
- ✓ Falta de unidad musical:
    - Mezcla de estilos o épocas; ausencia de hilo de unión lógico entre temas.
    - Música cantada de fondo a la locución: Si se trata de la narración de una escena conviene que la melodía no fatigue al oyente, que no sea "machacona"

✓ Error de ubicación: De época  (anacronismo) o de lugar (geográfica)
✓ Sintonías excesivamente largas.
✓ Diferencia de volumen en la grabación de "cuñas" o ráfagas. estridencia. No resolución al final, con lo que el mensaje puede dar la sensación de inconcluso.
✓ Deficiencias en la reproducción por mal estado del original o por defecto en la grabación.

# CAPÍTULO  X

## INTERNET Y LA COMUNICACIÓN RADIOFÓNICA

La presencia de Internet representa un cambio significativo en el modo de transmisión de la radio, que se ha volcado tanto hacia Internet básicamente porque gracias a sus diferentes servicios (página web, electrónico, news, chat, Twitter, Facebook, Podcasting, Blogs, Streaming, etc.), es posible experimentar con otras formas de información y expresión que van más allá del sonido radiofónico e incorporar, por tanto, nuevos contenidos. Además, también es factible generar nuevas formas de consumo y de relación del medio con el oyente.

Sin duda, la Red ha supuesto un cambio significativo en el modo de trasmisión de este medio, y ha propiciado, incluso, el nacimiento de estaciones que emiten exclusivamente a través de ella. Sin embargo, con independencia de todas las ventajas que ofrece la Red, las estaciones radiofónicas deciden su presencia en Internet como una cuestión de prestigio, de imagen, para, de este modo, mantener su credibilidad como empresa.

La radio ha tenido, tradicionalmente, una serie de características que, en algunos casos, se han convertido en limitaciones: no podía emitir imágenes; sus mensajes eran fugaces, es decir, no había posibilidad de volverlos a escuchar a no ser que se grabaran previamente; sus emisiones eran secuenciales, lo que significaba que debían escucharse en el orden en el que se programaban, etc. Sin embargo, con Internet se neutralizan estas limitaciones. Vamos a analizarlo paso a paso.

## Información acerca de la emisora

Como se sabe, el *World Wide Web* permite crear páginas de texto vinculadas entre sí, dando lugar a una estructura *hipertextual* que posibilita acceder a un gran volumen de datos enteramente interconectados, lo que se traduce en la capacidad de integrar audio, vídeo, *hipervínculos,* etc... Las primeras experiencias que las estaciones de radio hacen en Internet consisten, precisamente, en aprovechar las ventajas de la estructura del *hipertexto* para incluir en sus sitios *web* información relativa a aspectos tan diversos como su programación, sus frecuencias de emisión, sus profesionales, sus instalaciones, sus índices de audiencia o sus tarifas publicitarias.

Hoy en día, los distintos operadores, en especial los que tienen más recursos, no sólo mantienen esta oferta, sino que la han ido reforzando con la incorporación de amplias explicaciones acerca de sus programas, así como de fotografías de sus locutores más populares o de informaciones sobre iniciativas y actividades que lleva a cabo la empresa en cuestión.

## Radio a la carta

La capacidad de integración multimedia (audio, imagen, texto...) que caracteriza a Internet da a las estaciones radiofónicas la oportunidad de que puedan beneficiarse de las posibilidades del *World Wide Web* para crear archivos sonoros en los que guardar su programación. Así, el oyente podrá recuperar la emisión que no haya podido seguir en directo.

Los operadores que han elegido explotar este sistema suelen poner a disposición del *internauta* una oferta "empaquetada" con las últimas ediciones de los programas que gozan de mayor audiencia o, bien, una selección de aquellos espacios (tertulias, entrevistas, reportajes etc...) que son considerados de interés.

¿Por qué se habla de *Radio a la carta*? En realidad también se denomina *Radio bajo demanda* y si se la ha bautizado así es porque el receptor, el oyente, puede construir una programación en función de sus gustos, sin limitaciones espaciales (barreras geográficas) ni temporales (horarios). De todos modos hemos de ser conscientes de que, si bien esta ventaja facilita el acceso a determinados contenidos, éstos no estarán en la Red de manera indefinida, por lo que las limitaciones temporales son menores que en la radio tradicional, pero no dejan de ser limitaciones.

## Transmisión en tiempo real

Hasta ahora hemos hablado de las posibilidades "empaquetadas" que nos brinda la radio en Internet, como la Radio a la carta, pero también se pueden incorporar otras ofertas empaquetadas (fonotecas con documentos sonoros históricos, cuentos populares, etc.). Sin embargo, la Red posibilita igualmente la transmisión en tiempo real de la misma programación que se está ofreciendo a través de las ondas. Esta aplicación permite al oyente escuchar su emisora mientras navega, sin necesidad de tener conectado ningún otro tipo de aparato receptor.

## Nuevas formas de interactividad

Hasta hace bien poco, las únicas formas que tenían los radioyentes de comunicarse con los profesionales de las emisoras era a través del teléfono o por correo, lo que dificultaba bastante la relación entre el medio y la audiencia. Internet ha venido a mejorar esta situación, poniendo a disposición de los usuarios una serie de opciones para que la interactividad sea mayor.

Entre estas opciones se encuentra el **correo electrónico,** que como ya sabes es más rápido, económico y tan fiable o más que cualquier otro sistema. Sus ventajas han convertido a este modo de comunicación en una vía de contacto con la audiencia tan válida como el teléfono o las cartas, al tiempo que se ha convertido en un instrumento muy útil para que las emisoras puedan testar la opinión de los oyentes.

La progresiva generalización del uso de este tipo de correo explica que hoy en día cada uno de los programas que conforman la oferta de una emisora disponga de una dirección propia, de manera que el radioyente tiene la oportunidad de hacer llegar sus comentarios, peticiones o sugerencias.

Por su parte, el *Internet Relay Chat* (IRC) o comunicaciones virtuales en tiempo real (conocidas coloquialmente como charlas o *chats*) es un servicio que, a través de la Red, permite el diálogo entre dos o más personas al mismo tiempo. Es por ello que también ha sido considerado como una valiosa vía de participación y de relación con el medio.

Para las emisoras con presencia en Internet, el *chat* abre, como mínimo, dos posibilidades: por un lado permite que los oyentes de una emisora o de un programa puedan charlar entre sí y manifestar sus opiniones. Por otro lado favorece que los receptores puedan *conversar* con los locutores durante un tiempo determinado.

Otras formas para mantener la interacción entre el medio y el receptor son los *newsgroups,* que están organizados por servidores de *News* y que son los que facilitan el intercambio de opiniones entre los distintos usuarios.

**Las características del consumo de radio en Internet**
Internet impone unos nuevos hábitos de consumo que ahora comienzan a diferenciarse de los que conocemos para la radio. Estos nuevos hábitos son los siguientes:

> ➢ Se detecta una multiplicación de canales que tratan de responder a la demanda de una mayor audiencia con variedad de intereses frente a la definición más acentuada de los oyentes de radio.
>
> Y así la audiencia radiofónica se limita a un determinado territorio y, por tanto, es siempre más reducida frente la audiencia de la red que tiene vocación universal con la única barrera del idioma; es decir, mientras las emisiones radiofónicas satisfacen necesidades comunes, Internet es capaz de resolver inquietudes personales, gracias a sus mayores prestaciones, en especial, al acceso a una gran cantidad de información más diversa que la de la radio.

La red ofrece cabida a usuarios con intereses más diferenciados que la audiencia radiofónica y así, por ejemplo, mientras las emisoras convencionales hace mucho tiempo que han perdido la batalla en la incorporación como oyentes de los niños y los más jóvenes, Internet logra convertirlos en usuarios con una mayor facilidad. Algunos sectores de población, como los más jóvenes, alejados de la radio tradicional se incorporan ahora a la oferta de la red, lo cual provoca esta multiplicación de direcciones sobre las temáticas más variadas; en definitiva, genera una necesidad de ofertar nuevos contenidos.

➤ El usuario de Internet se diferencia del de la radio en que emplea la red en momentos puntuales a la búsqueda de una información concreta lograda mediante un acceso rápido y directo. Por tanto, la inmediatez se convierte en uno de los principales atractivos a la hora de acceder a los datos frente a la fugacidad radiofónica. Esta característica impone la oferta de contenidos almacenados que puedan consultarse en cualquier momento, según el interés de cada uno de los usuarios.

En este sentido, el formato más adecuado para colgar de esas páginas de Internet los contenidos almacenados son los dos géneros radiofónicos que manejan la información de manera más profunda al mismo tiempo que dan cabida a contenidos no sólo estrictamente periodísticos sino también de ficción. Estos dos géneros son la entrevista y el reportaje.

➤ La propia tecnología informática favorece un grado de interactividad que en modo alguno alcanzan las emisoras tradicionales. Es el propio usuario el que no sólo puede seleccionar un contenido en el momento en que precise sino el que, además, tiene capacidad para demandar un tema concreto tratado de una determinada manera.

Internet se convierte así en una plataforma ideal para la oferta de contenidos personalizados o contenidos a la carta que podrían ser incluso abonados en lo que se alzaría como una nueva modalidad de pago por visión, en este caso, pago por audición. Entonces es evidente que si este nuevo tipo de usuario en la red puede exigir un determinado contenido o, es más, tiene que pagar por el producto, será más exigente en cuanto a su calidad. Se impone así una renovación en el lenguaje radiofónico a la búsqueda de una mayor expresividad y, sobre todo, de una mayor explotación radiofónica de las posibilidades sonoras que ofrece Internet.

La técnica, además de la justificación de su nacimiento, siempre ha representado el motor de cambio para el medio radiofónico: desde la transición de la tecnología analógica a la digital, que, en la década de los noventa, inició un proceso interno de cambio en las emisoras y que ha afectado a la radio en todas sus dimensiones- producción, difusión y recepción- hasta las dinámicas de convergencia, en las que la radio se expande por nuevas plataformas de difusión que renuevan y amplían sus posibilidades, tanto en lo que se refiere a su oferta como a su relación con la audiencia.

Entre estas plataformas se encuentra Internet, con la pluralidad de opciones que conlleva para la distribución de contenidos sonoros (*streaming, podcasting, P2P*). Una red en la que la radio apareció por primera vez a mediados de los noventa, y en la que desde entonces ha ido experimentando nuevos caminos para la comunicación sonora que incluso cambian el concepto y el significado del medio radiofónico tradicional. Pudiendo decir que nos encontramos ante la "tercera generación de la radio" Nos hallamos ante un nuevo tipo de Sociedad, llamada de la Información o del Conocimiento, que viene a reemplazar a los dos modelos radiofónicos precedentes: Las radios convencionales y las temáticas o especializadas.

**Un nuevo concepto**

Con la radio en Internet o ciber radio se modifica la concepción tradicional de los dos modelos radiofónicos el convencional y el especializado, consiguiendo una nueva fórmula de programación fragmentada o de contenidos aislados, que sustituye a la oferta de programas de emisión única y continuada y audición masiva.

Además, se experimentan nuevos avances en la expresión sonora y multimedia que dan valor fundamental a la interactividad, a la búsqueda y a los enlaces.

De este modo, los elementos comunes de Internet se incorporan como algo propio, pero se intenta conservar las peculiaridades de la radio tradicional, que también se transforma en distintos productos, movidos por la navegación, fragmentación, interactividad e individualización. La radio por Internet no es actualmente una redifusión a través de la red, sino que integra los componentes de ésta como algo propio y los transforma para convertirlos en algo diferente. No es la oferta de la programación tradicional, sino otra forma de presentarla mediante fragmentaciones o se da entrada a otras emisoras nuevas.

La radio en Internet puede extenderse hacia otras difusiones o "prolongaciones" más inmediatas, como extensiones en las redes interpersonales y sociales de audio y la incorporación de aplicaciones que permiten el intercambio y conexión del archivo de audio con otros portales y webs de la red. Asimismo, aparecen los *blogs*, *audioblogs*, *radioblogs*, y la *wikipedia* sonora, etc. como diversos parámetros de inflexión que marcarán el proceso de la comunicación e información del futuro. Nos encontramos ante otros medios que confieren distintas e innovadoras estrategias narrativas y posibilidad de uso tecnológico en la elaboración del nuevo discurso cibernético.

Es preciso que la radio en Internet descubra las posibilidades expresivas, creando una narrativa propia adecuada a las características multimedia, como en su momento lo hizo alejándose de la lectura de los periódicos ("Diarios Hablados") a través de los micrófonos, y creando un peculiar lenguaje radiofónico.

Como en todos los cambios sustanciales, el escenario que instaura la radio en Internet implica ruptura no sólo tecnológica, ya que ésta sería demasiado evidente, sino distintos modelos en los soportes de distribución, así como una renovación profunda del producto sonoro, que provoca un cambio sustancial en el lenguaje radiofónico al incorporársele otros elementos multimedia, además de los tradicionales de la palabra, la música, los efectos de sonido y el silencio. Tampoco debemos olvidar la incorporación de un importante componente social que está marcado por la alteración del consumo de radio consecuencia de la normalización de las estrategias tecnológicas interactivas que establece la red.

Igual que sucede con otros medios que emplean plataformas digitales en Internet, surgen nuevas posibilidades del hipertexto, la interactividad y la multimedialidad, lo que ha supuesto uno de los principales retos para la ciberradio y para sus nuevas aportaciones y extensiones. Con este nuevo sistema, varía el control sobre la comunicación que pasa directamente a ser posicionada por los propios usuarios. De este modo, la digitalización y el fenómeno de la convergencia radiofónica con los diferentes medios electrónicos, construirán un espacio de interacción con la audiencia, lo que, para algunos profesionales  ayudará más a la integración que a la fragmentación en la radio futura.

**Nuevos servicios**
Las innovaciones tecnológicas siempre han creado grandes revoluciones en el mundo de los medios de comunicación, hasta el punto de lograr formas distintas de hacer y entender el periodismo. Sin embargo, hay que reconocer  que Internet cambia la concepción tradicional de los medios de comunicación convencionales, como canales independientes, al irrumpir en la red como una convergencia mediática y como los nuevos servicios informativos *online*.

La homogeneización de los medios online y sus contenidos, dos de los grandes impulsos producidos por Internet, lo hacen aparecer como un medio interactivo y dinámico, capaz de combinar, integrar y asemejar elementos audiovisuales y textuales en un ámbito que se extiende fuera del espacio y del tiempo. En cuanto al sistema radiofónico inserto en Internet, podemos decir que no estamos delante de una emisora radiofónica sino de algo mucho más; se trata de la emisión continuada de una programación convencional de las distintas cadenas de AM y FM, estructuradas y sujetas a una temporalidad, a la que hay que añadir un sonido contextualizado con imágenes e información escrita.

De momento hablamos de radio por Internet o de periódico por Internet, pero no son denominaciones exactas, lo mismo que tampoco fueron correctas las de periódico por radio ("diario hablado") o periódico por televisión ("telediario"). Por estos errores iniciales de concepción, la radio tardó en desarrollar con autonomía la información. Asimismo, no todo el sonido informativo que se extiende por Internet forma parte de las cadenas radiofónicas, ya que existen direcciones colgadas en la red que ofrecen contenidos y géneros radiofónicos- como entrevistas o reportajes- que no son páginas de emisoras de radio.

De igual modo, se está produciendo un proceso de transformación en los contenidos de los *web sites,* que en un principio se limitaban a reproducir la información, normalmente impresa, pero con el tiempo comienzan a mejorar sus contenidos en calidad y originalidad, introduciendo *hiperlinks* y personalizando la búsqueda de información, hasta el momento actual, que aparecen nuevas formas narrativas y diseños que se hacen propios de la *fórmula online* aunque pudiera tratarse de la yuxtaposición de distintos tipos de información de diferentes medios convencionales. Una gran parte de los elementos que integran la comunicación multimedia (texto, audio, vídeo, gráficos, etc.) es proporcionada por los medios tradicionales de forma aislada.

De cualquier forma, la comunicación online, introduce un nuevo modo de distribuir información, que le confiere unas atribuciones que le son propias y peculiares en cuanto a sus posibilidades y servicios de interactividad con sus usuarios. Una característica que ha distinguido a la radio tradicional, en relación con otros medios, pero que es superada por Internet.

### El *podcasting* como extensión de la ciberradio

El término *podcasting* proviene del acrónimo de *iPod* y *broadcasting,* aunque su concepto y aplicación no se restringe al *iPod,* es mucho más amplio, y esta denominación aceptada internacionalmente, sólo representa una parte de su todo. En este sentido, debería hablarse de "radio personal", de "radio grabada-reproducida" o de "radio creada-recreada" por los mismos usuarios.

La locución *"podcast"* se emplea para identificar los contenidos, ya sean de audio o de video (*vodcasting, videoblogging*) que se difunden por *podcasting,* adquiriendo estas grabaciones autonomía para la reproducción y audición en cualquier lugar y momento.

El *podcasting* es una Radio portátil y autónoma; también concebida como una extensión de la ciberradio que, por un lado, permite la posibilidad de bajar y subir a la Red documentos sonoros, pero, por otro, se convierte en una especie de *"audioblog"* al ampliar el campo de los *Webblogs* al ámbito del sonido. Se podría decir que el *podcasting* es a la radio lo que las *webblogs* son a los periódicos digitales. Mientras que el *podcasting* es una apertura de las emisoras o de los particulares a la participación y comentarios, a través de la voz, en los *webblogs* se realiza por medio de la escritura. El *podcasting* se trata, pues, de un producto independiente y libre a cualquier tipo de difusión sincrónica o asincrónica, al facilitarle al usuario esos documentos, registrados, estén o ya no estén en la Red.

El *podcasting* es un factor que tiene en cuenta la radio tradicional, por lo que siempre lo incorpora, no como un soporte más la difusión de sus contenidos, a través de Internet, sino porque son otros actores, además de sus profesionales, los que contribuyen a lo que hasta ahora había sido sólo patrimonio radiofónico: la creación de contenidos de radio.

Si comparamos un *blog* de audio con un *podcasting,* advertimos que el *podcasting* es un instrumento sencillo y de bajo coste, que permite a cualquier ciudadano con una mínima infraestructura convertirse en creador y distribuidor de documentos sonoros; multiplicando y diversificando la presencia de contenidos en Internet, simplificando la comunicación sonora en la red y dando respuesta a nichos de audiencia muy concretos. Al mismo tiempo que contribuye a la transformación del ecosistema comunicativo, devolviendo las riendas a los ciudadanos, en este caso, a aquellos interesados en la información y la creatividad mediante el audio.

Sin embargo, tampoco debe confundirse el *podcasting,* la comunicación interactiva de consumo portátil, con la utilización de los *audioblogs,* vinculados al trasporte de contenidos personales entre particulares, ya que mientras aquél está vinculado al ámbito de la difusión radiofónica, los *audioblogs* sólo se concentran en la difusión de contenidos de personas particulares. Así, mientras que el destino de los *audioblogs* es la exhibición de documentos entre particulares e instituciones el del *podcasting* es la difusión radiofónica a través de los *podcasts*.

La diferencia principal entre un *podcasting* y la radio en Internet es que mientras que la ciberradio se encuentra conectada a la Red, el *podcasting* sólo necesita de esta conexión cuando la utiliza en el proceso de aviso y descarga de contenidos. Así, el *podcasting*, gracias a la sindicación del *RSS* (Really Simple Syndication), es un archivo de audio, inscrito en la Red, que permite bajar contenidos sonoros como discursos orales o música, que el programa del usuario puede detectar y descargar automáticamente en un soporte portátil como un *iPod*, un *MP3* o un *pendrive,* entre otros. La tecnología y la cultura cambian y el concepto de globalización evoluciona, por lo que se hace cada vez más necesario encontrar temas y conceptos estables.

Resulta evidente que cuanta más información recibimos, parece que conocemos menos. Se crean nuevos hábitos de escucha, de consumo radiofónico y una nueva segmentación de la audiencia desconocida. Una trasformación, como vemos, de gran magnitud que representa la evolución del medio radiofónico hacia la ciberradio y para lo que planteamos su relación con nuevos modos de expresión.

**Un campo de acción ampliado**
La ciberradio amplía su acción y enlaces con otros sonidos, generados dentro de la Red, que van siendo incorporados, como sinergias, y de forma directa o indirecta, en la ciberradio, incrementando y transformando así su modo tradicional de expresión auditiva. Una innovación sonora que puede funcionar de manera autónoma o integrada en el conjunto de servicios de la
ciberradio y que concierne no sólo al elemento musical sino también a la voz; como ocurre con las aportaciones de telefonía que a través del IP (*Internet Protocol*) o VoIP (*Voice Over Internet Protocol*),

provenientes de los distintos chats, blogs o foros, que se integran como otros elementos más a la ciberradio; lo mismo sucede con el amplio repertorio de voces de catálogo, creadas en Internet, para servir de ayuda a las pequeñas empresas radiofónicas que no cuentan con una plantilla muy extensa de locutores.

Gracias a esta técnica, también llamada en español, del *IPVoz* (y traducida como "protocolo de Internet para voz"), se puede descodificar y comprender la voz natural de los usuarios (en su idioma cotidiano), sin necesidad de tener que hacerlo mediante la expresión escrita. Es la técnica de admisión de la voz como elemento propio de comunicación dentro de Internet.

Con la incorporación de los servicios *RSS*, se relacionan a los emisores con sus receptores, tras la vinculación previa del usuario con la fuente emisora que le aporta información.

Las redes *P2P* son aplicadas a los intercambios musicales y de documentos sonoros y audiovisuales entre los usuarios (Un intercambio de archivo de audio, entre iguales, utilizado tanto en la radio musical y música interactiva o de video como en cualquier otro documento audiovisual), y extienden sus aportaciones a otras redes sociales o personales como los *blogs* empleados para el intercambio y difusión de información, de cualquier tema, entre usuarios, cuyas aportaciones ordenadas y de cronología inversa, se emplean para el intercambio de información o de cualquier otro tema.

Un *audioblog* es una variante de *webblog*, o bitácora, que consiste en una galería de ficheros de audio, en diferentes formatos, que pueden ser publicados de forma regular por uno o más autores, ya que su promotor puede autorizar a otros usuarios a sumarse con sus comentarios u otros ficheros de audio a esa misma asociación.

Un *videoblog* o *vlog* es un suministro de clips de vídeos, ordenados cronológicamente, publicados por uno o más autores. El autor puede autorizar a otros usuarios a añadir comentarios u otros vídeos dentro de esa misma galería.

Un *TeleBlog* es la propia página personal en la web, alojada en un subdominio donde es posible publicar textos e imágenes de cualquier tema, así como también de recibir visitas y comentarios

El *Moblog* es una mezcla de las palabras inglesas mobile y blog. Se trata de un servicio de publicación similar al weblog, que consiste en escribir y actualizar el blog por medio de equipos móviles, lo que permite una rápida actualización de contenidos (incluso de fotografías), desde cualquier lado, y desde cualquier móvil que contenga una cámara.

Dentro de estas extensiones o componentes transversales es importante reconocer el papel que desempeñan los servidores y buscadores como mediadores y controladores de los procesos de comunicación, que se mantienen como meros soportes o ayudas para los usuarios. Ya no es necesario saber la dirección de las webs de cualquier medio de comunicación, ya que son los metabuscadores, buscadores y portales los que posibilitan esa labor de búsqueda.

En el caso de la música, ésta cuenta con diversas vías de expansión en Internet, no sólo como contenido propio sino como ofertas radiofónicas de música especializada que servirán de opción a las descargas que podrán realizar los oyentes. Se produce una convergencia entre distintos grabadores-reproductores (*MP3*, *iPod*, ordenador, consolas de juego…) y la ciberradio, a través del canal Internet.

Asimismo, la aplicación de la informática a todos los procesos productivos, desde el servicio de documentación hasta la edición, pasando por la comunicación a través de sistemas *on line*, es ya hoy una condición imprescindible de eficacia y un rentable instrumento en la medida en que permite mejorar la calidad de los productos radiofónicos.

Las redes digitales de sistemas integrados, el desarrollo de la telefonía móvil y la generalización del *RDS* están cambiando las posibilidades de selección y escucha radiofónica, por lo que es preciso modificar también sus diseños programáticos.

**Hacia un cambio de radio de contenidos**
Una de las características más evidentes de la radio en Internet es el énfasis que la tecnología otorga al modelo de consumo sincrónico y asíncrono de contenidos. Y, en este sentido, se marca la individualización de los mensajes y su evidente repercusión en la parrilla tradicional de programación. Internet ha privado a la radio de su carácter inmediato. Sin embargo, las radios convencionales siguen presentando en la red el mismo estilo y formato radiofónico, ofreciendo una agenda muy reducida circunscrita a la información de actualidad y repitiendo los mismos temas relacionados con el momento político, económico, cultural o deportivo y, en cuanto al contexto social, ciñéndose en las crónicas de sucesos cotidianos y prensa rosa.

En cuanto a las radios especializadas, su oferta es también muy poco variada y sujeta a poca especialización, sobre todo en las radios musicales donde casi todas ellas se centran en los mismos géneros y estilos. Junto a la escasa variedad temática, el segundo de los problemas de la radio tradicional y en Internet es la similar estructuración de contenidos a través de los mismos géneros de hace años y casi siempre en estado puro, a diferencia de los formatos híbridos televisivos.

Entre los géneros y subgéneros informativos más utilizados se encuentra la noticia, en primer lugar, seguida del informe y la crónica. Entre los de opinión, la tertulia y comentario. Asimismo, existe una semejanza entre los géneros de participación en el sistema tradicional e Internet, casi siempre vinculada a los temas de actualidad.

Los reportajes y los programas creativos son cada vez menos frecuentes tanto en la programación radiofónica convencional como en la ciberradio.

**El nuevo perfil de usuario ciberradiofónico**
Una de las diferencias más importantes entre Internet y la radio se encuentra en la forma de difusión, determinada en ésta por su zona de cobertura limitada, pero no en aquélla. También por el cambio del

estacionamiento de difusión, múltiple en la radio y personal en la red. Otra discrepancia la marcaría la actividad o iniciativa del usuario de Internet en su demanda o búsqueda de una información concreta, en comparación a la pasividad del oyente tradicional de radio, que se somete a las noticias que se le ofrecen, casi siempre seleccionadas de la actualidad. Y, por último, una de las divergencias que pudieran ser más evidentes entre Internet y la radio es la posibilidad, en Internet, de ruptura con la temporalidad en su proceso de almacenaje, con independencia de la inmediatez y la acción directa que se sigue preservando en la búsqueda de aquellos contenidos requeridos.

Sin embargo, antes de emprender el sondeo de un producto de radio, adecuado a la red, deberíamos diseñarlo de acuerdo a las características y hábitos de consumo de los usuarios de Internet, lo que nos puede hacer llegar al punto de vislumbrar, partiendo de las estadísticas, la importancia que alcanzaría el *audiovisión online,* adaptado al criterio y apreciación de las y los jóvenes, que reconocen su preferencia por este nuevo medio ante cualquier otro.

El usuario busca en Internet no sólo una fuente informativa y documental sino un lugar de entretenimiento donde poder seleccionar las páginas o sistemas que respondan a unos intereses lúdicos mucho más variados de los que pudiera ofrecer la radio convencional. Se trata de un consumidor de la red acostumbrado a encontrar todo tipo de contenidos generales o específicos. Estas variables, ya perceptibles, que suponen un carácter experimental de los usuarios, provocan, asimismo un replanteamiento de negocio y una cierta viabilidad por parte de los emisores y sus empresas y grupos de comunicación.

## La empresa radiofónica y su necesidad de cambio
La tecnología no es un valor en sí mismo, sino sólo cuando facilita y mejora los procesos de negocio de una organización. Es por esto, que las TICs son las mejores herramientas con la que cuenta la empresa para adaptarse al vertiginoso ritmo al que se suceden en la actualidad. La empresa radiofónica no es menos, por lo que también cuenta con las innovaciones tecnológicas que surgen en el mercado de la información. La radio no puede permanecer inactiva ante las

transformaciones impulsadas por otros actores en el terreno que le es propio: "Ya sean la televisión, los ordenadores, un reproductor MP3 o los teléfonos móviles, la radio sigue yendo a remolque de lo que marcan otros medios, nuevos o viejos, cuando es ella la experta en tratamiento y gestión de audio... y de datos servidos en tiempo real.

# CAPÍTULO  XI

## LA COMUNICACIÓN RADIOFÓNICA Y LA SOCIEDAD

El medio radiofónico tiene un gran poder de persuasión e influencia en la población, que es la que brinda los estándares de la cultura y la promoción de la identidad de los ciudadanos, en mayor medida de la comunidad o ciudadanía. Esa sociedad se desarrolla por el intercambio o interacción de grupos a través de la comunicación. Por esta razón el medio radiofónico debe replantear la manera de cómo informar y dar importancia a la generación de propuestas ciudadanas. Es decir, el medio radiofónico debe  preocuparse por incentivar espacios de acercamiento entre personas, y que estas se sientan identificadas y decodifiquen eficientemente el mensaje que se quiere dar.

Esto se puede dar por medio de la participación activa y la inclusión en la ciudadanía. Es así como la influencia del medio radiofónico sobre la sociedad actual es innegable, en unos casos esta capacidad de intervención sobre el individuo, y por ende, sobre la colectividad social puede resultar beneficiosa, sin embargo en otras ocasiones, puede tener un efecto realmente perjudicial ya que los medios de comunicación masiva , en general y el radiofónico en particular, contribuyen en gran parte a fijar las maneras de pensamiento de la sociedad; a establecer la agenda de los asuntos políticos, sociales y económicos que se discuten; a crear o a destruir la reputación de una organización, persona o grupo de personas; proporcionan información y elementos para que la persona o el público construyan, ponderen y formen sus opiniones.

Por otro lado, hoy en día la comunicación se ha vuelto mecánica en el sentido que no se está tomando en cuenta la promoción de espacios en donde interactúen personas con rasgos, sexo, condición diferente y así eliminar las barreras de prejuicio y el establecimiento de estereotipos, Hay una preocupación mayor por las grandes mayorías, que son las personas que están detrás de esos programas que sólo traen desprestigio y contaminación en las mentes de los ciudadanos. Es importante resaltar en este punto que las personas tenemos características, comportamientos, modos de ser distintos y que estas diferencias son las que construyen las identidades.

Los profesionales de la comunicación radiofónica deben tener una educación eficiente y cumplir con requisitos que afloren en el transcurso de su vida profesional, importándoles en gran medida la trascendencia social y  ayuda que puedan brindar a su comunidad. Esta identificación con su labor y su forma de comunicar son la consecuencia de la enseñanza profesional recibida.

El medio radiofónico. Además, ha aportado a la sociedad importantes aspectos culturales, puesto que, desde la época de los años cuarenta del pasado siglo, ha sido por antonomasia el que sobresalió en muchos ámbitos, como por ejemplo el teatro radiofónico que llamaba mucho la atención por el grado de imaginación que se ponía a los relatos. Con creatividad, se encontraba la manera de representar hasta los más mínimos sonidos para transportar a los oyentes a cada situación, pues el radioescucha se convierte en un ciego involuntario. Se logra el cometido porque las imágenes están en la mente del receptor, la radio sólo tiene que evocarlas, del resto se encargan los otros sentidos, que interactúan para activar la imaginación. En este sentido, se puede afirmar que la radio no sólo es un medio de comunicación, sino también un medio de imaginación.

Cuando se hace radio, se establece una comunicación, se crea un sentido en común porque se considera al receptor como un interlocutor; porque la radio provoca en la audiencia una relación personal gracias a la cualidad del sonido de ser introyectado; a la posibilidad de que, quien escucha, recree el mensaje de acuerdo con su experiencia, sus vivencias, su historia, creándose así una relación estrecha y activa entre el emisor y el receptor creando imágenes mentales que estimulan a la imaginación.

El medio radiofónico juega también un importante papel en cuanto a la educación e identificación de factores que se deben reformular y reafirmar, el fin social para hacer frente a las demandas actuales de la tecnología, la exclusión, y sobre todo a raíz de la aparición de una gama de radios comerciales, que están dejando de lado temas importantes para la ciudadanía. Para ello se debe crear una relación eficiente entre sociedad y la radio, donde haya una ligadura activa entre los dos, y que en conjunto formen una institución sociocultural, llegando formar parte una de la otra. La radio tiene la capacidad de contribuir a articular a estos sectores entre sí y vincularlos con propuestas y proyectos de gran alcance.

Sólo por el hecho de ser un vehículo transmisor de conocimientos, la radio es en sí misma un importante instrumento didáctico que debemos saber aprovechar para llevar a la población la información necesaria para hacer de la misma una sociedad auto responsable y crítica. Esa información puede hacerse mediante programas divulgativos con distintos formatos (coloquios, mesas redondas, debates, entrevistas...) o también puede hacerse a través de cursos radiofónicos que constituyen lo que se denomina radio educativa. Otra aplicación didáctica de la radio es su utilización en el ámbito educativo. Vamos a analizar todas estas cuestiones.

### Los programas divulgativos

Si la información que se va a dar se hace a través de programas divulgativos, conviene tener en cuenta las siguientes consideraciones:

- ✓ La radio ofrece hoy en día, a pesar del tiempo transcurrido y a pesar de estar en el apogeo de las comunicaciones de todo tipo, unas posibilidades inmensas y unos matices llenos de una gran riqueza.
- ✓ Cuando se utiliza la radio de forma consciente, sencilla y despojados de prepotencia podemos hacer de ella un

instrumento importante de formación y de animación sociocultural.

Conviene dar unas pinceladas en torno a lo que significa la animación sociocultural para poder entender mejor luego su relación con la radio. La animación sociocultural se considera como una acción tendente a crear el dinamismo social allí donde no existe o bien para favorecer la acción cultural y comunitaria, orientando sus actividades hacia el cambio social. Se trata pues de luchar contra la atonía social con vistas a promover estructuras de participación. La idea moderna de la animación sociocultural estaría compuesta por tres elementos inseparables entre sí:

- Unos grupos, formados con carácter voluntario y de acuerdo con sus centros de  interés.
- La acción de animar, concretada en el animador sociocultural.
- Ciertas técnicas de comunicación que, apoyadas en la participación y en el  protagonismo popular, tienden a favorecer la adaptación al cambio social y a  asegurar el desarrollo  individual y colectivo.

Si analizamos estos tres elementos, podemos observar que la radio se nutre de ellos. La radio posee unos oyentes que constituyen esos grupos formados con carácter voluntario y de acuerdo con sus centros de interés. La acción de animar la puede hacer perfectamente porque cuenta con recursos para ellos La radio es en sí una técnica de comunicación por lo que, si se apoya en la participación de los oyentes y en el protagonismo de los mismos, puede favorecer la adaptación al cambio social y asegurar el desarrollo individual y colectivo.

Pero estos tres valiosos elementos que la radio posee pueden volverse contra ella misma si no se saben utilizar adecuadamente, y por ello hay que procurar mantener vivos los centros de interés de los oyentes, que muchas veces no tienen nada que ver con los centros de interés de quienes planifican una programación radiofónica.

Se ha de tener el suficiente tacto como para dejar a un lado los protagonismos individuales y tratar de llegar a la mayoría de las personas con comunicaciones que vayan acorde con sus intereses generales. Las personas que hacen radio deben tener en cuenta que la acción de animar, además, ha de basarse en la habilidad de comunicar, de acompañar, de saber ocupar el puesto que le corresponde y dejar el protagonismo al que verdaderamente lo tiene que es el oyente.

No podemos concebir la animación de un programa de radio a base de proferir insultos o afirmaciones que atenten contra la dignidad de las personas. No podemos concebir la animación de un programa de radio a base de creernos unos dioses que estamos en posesión de la verdad absoluta. La radio es un poderoso medio que puede encandilar a los que buscan en ella su lucimiento personal.

El último elemento de la animación sociocultural que es tener la técnica adecuada para lograr la participación colectiva, también puede ser negativo si no se sabe encauzar esa participación. Hay que dejar bien claro que la radio en sí es un medio importante para reforzar los valores o modos de conducta ya existentes o para inducir conductas nuevas. Existen numerosos ejemplos de las maneras en que la radio ha servido para motivar a la gente.

Pero este importante medio ha de estar bien manejado teniendo en cuenta cuatro finalidades con vistas al desarrollo comunitario. Estas finalidades son:
- ✓ La motivación.
- ✓ La información.
- ✓ La formación.
- ✓ La modificación de conducta.

**Estrategias que contribuyen a la animación sociocultural**
La primera de las estrategias se refiere a la de las emisiones abiertas. Esta estrategia abarca muy diversas experiencias y lo que la hace distinta a las demás es que hace hincapié en el mensaje. Las emisiones abiertas normalmente llegan a las personas en sus hogares; no intentan enseñar conceptos o conductas complicadas, sino más bien, motivar o hacer comprender cantidades pequeñas de información; suelen pretender modificaciones de conducta sencillas.

La hipótesis en la que se basa esta estrategia es que, en la mayoría de los países, cuando los medios de comunicación social se utilizan para el entretenimiento de las masas, se atrae y educa a audiencias mucho más amplias que en la mayor parte de los  programas emitidos típicamente educativos. Pero para ello hay que lograr una programación creativa que sea capaz de motivar al público.

Una buena forma de iniciar este tipo de emisiones puede ser la de hacer cuñas publicitarias en torno a temas de interés comunitario. Los campos de la Salud y el Consumo pueden ser buena fuente de inspiración para llevar a cabo este tipo de emisiones.

Otra de las estrategias que se pueden seguir es la de las campañas radiofónicas. Esta estrategia se encuentra entre el planteamiento de emisión abierta y el de grupos de audición organizados. Tiene una mayor complejidad pero ofrece una mayor riqueza de matices y un mayor acercamiento a la población puesto que se presta a una mayor participación por parte de ésta a la vez que puede profundizar más en determinados aspectos.

Ejemplo de este tipo de emisiones es el de los programas de debates en torno a un tema de desarrollo comunitario en el que participa no sólo los expertos que estén en la emisora sino también los oyentes a través del teléfono o presentes en el debate.

La última estrategia a tener en cuenta es la de los grupos de audición organizados que consiste en la emisión de una serie de programas en torno a temas de interés comunitario apoyados por un material impreso que son escuchados por grupos de personas  y que discuten conjuntamente lo oído y sacan sus propias conclusiones.

Si se adopta esta última estrategia hay que tener en cuenta, a la hora de organizar las actividades que lleva consigo, lo siguiente:
- ✓ Han de estar bien planificadas: con objetivos claros y que sean factibles de llevarlas a cabo.
- ✓ Han de realizarse en equipo.
- ✓ Tienen que ser realistas, trabajando sobre cuestiones reales y relevantes.

✓ Han de ser creativas, activas, que generen confianza y promuevan la  autonomía más que la dependencia.
✓ Que tengan diferentes momentos para su evaluación.

**La radio educativa**

La utilización del sonido con fines educativos no es una novedad. Ésta es una técnica pedagógica que ya fue utilizada por Pitágoras con la intención de incrementar la eficacia de sus enseñanzas. Por medio de este procedimiento denominado acusmática, el filósofo hacía que sus discípulos le escucharan tras una cortina y así, al desvincularse de su propia imagen, sus discursos adquirían mayor vigor. Los alumnos que escucharon durante cinco años las lecciones del  maestro recibieron el nombre de acusmáticos.

A partir de entonces, se ha denominado acusmático lo que se puede oír sin que se vea la fuente de donde proviene. Con la creación de la radio el fenómeno acusmático adquiere una nueva dimensión: "La acusmatización aísla los objetos sonoros y los convierte en portadores de conceptos.

Con la evolución de la tecnología del audio, el objeto original productor del sonido ya no necesita esconderse de la visión del oyente sino que realmente desaparece, ya no tiene que coincidir con el receptor ni en el espacio ni en el tiempo.

El concepto de Radio educativa es suficientemente amplio y genérico para que cualquier definición resulte incompleta o estrecha. Bajo la denominación de radio educativa se agrupan modalidades radiofónicas muy diferentes: instructiva, comunitaria, popular, formativa... Todas ellas con un rasgo común: intentan alcanzar objetivos no comerciales y se orientan especial y directamente hacia una finalidad de carácter social. Lo hacen en tres niveles diferentes:

➢ Como apoyo directo a movimientos sociales. No es extraño que buena parte de los movimientos y luchas sociales de los años sesenta se desarrollaran vinculados a proyectos de radios educativas. La radio se convierte así en algunos casos, en foro de expresión de ideas revolucionarias y de cambio social

➢ Como apoyo y extensión de la instrucción formal. Organismos internacionales como la UNESCO y gobiernos de diversas naciones, encuentran en la radio un medio para impulsar los programas de desarrollo en los países denominados del Tercer Mundo o para extender la formación universitaria en las naciones más ricas.

De esta forma la radio colabora no sólo al impulso de la instrucción educativa de amplísimas comunidades, sino que también, y de forma más general, se constituye en una opción para el cambio y el desarrollo social. La radio muestra una especial capacidad para alumbrar ideas entre sus oyentes, para estimular la imaginación.
En la radio cada mensaje sonoro puede transformarse en una imagen pensada o inconsciente, imagen de símbolos, colores, dimensiones individuales, imagen sensible y entusiasta. La radio procura oportunidades para todos e incita a la participación.

Como instrumento para la educación no formal a través de la participación ciudadana. En tercer lugar, cabe entender la radio educativa desde una perspectiva propia de la educación no formal. La radio puede ayudar a las personas a decidir por sí mismas, a aprender por cuenta propia, a comportarse libre, feliz y responsablemente.

La radio con fines educativos, en lugar de competir con la radio comercial, tendría que atender únicamente a la necesidad de mantener y estimular de manera constante la producción creativa, en vez de pretender audiencias millonarias.

**Los cursos radiofónicos**
Los cursos radiofónicos son el ejemplo más práctico de la radio educativa. Si se adopta la modalidad de curso radiofónico hay que tener en cuenta las características del material didáctico a emplear. Se entiende por material didáctico el que se presenta en forma impresa y que sirve de apoyo a la explicación o clase radiofónica. Este material suele presentarse en forma de bosquejos, esquemas, fichas de trabajo, etc.

Hay que contemplarlo como un medio  para conseguir los objetivos del aprendizaje; por lo tanto, no puede ser elaborado de forma improvisada. Debe guardar relación con los objetivos  generales y los propios del tema que se vaya a exponer. La rentabilidad del tiempo de radio exige un tratamiento muy elaborado de dicho material.

Este material sustituye, en cierto modo, a lo que en la enseñanza presencial  se realiza por medio de la pizarra, los libros, las diapositivas, las transparencias o cualquier otro medio audiovisual.

**El material en relación al contenido de aprendizaje**
A la hora de elaborar un material que sirva de apoyo a una explicación por radio hay que tener en cuenta las características propias del tema para distribuir de acuerdo con ello los contenidos, la selección de los gráficos, dibujos, etc.

La organización de los contenidos debe ser tal que  sea  suficiente una simple mirada para descubrir cómo están distribuidos. Antes de la elaboración del material, deben estar claramente  formulados los objetivos sin que los mismos se presten a confusión y que, además, puedan ser evaluados. Todo lo que los usuarios de este material hagan a lo largo de la explicación, debe estar orientado a la consecución de esos objetivos.

Su presentación tendrá en cuenta la siguiente gradación:

- De lo fácil a lo difícil.
- De lo particular a lo general.
- De lo concreto a lo abstracto.
- Del concepto a la explicación o viceversa.

El tema debe mantener su unidad. Los subtemas o apartados deben estar relacionados entre sí. No es muy conveniente incluir varios temas en una misma ficha de trabajo.

En cuanto a la presentación hay que lograr que la distribución del espacio, la estética, el uso de colores, etc, estén al servicio de los objetivos y de las leyes del aprendizaje: atención, interés, ejercicios, etc.

La redacción del contenido sigue más las pautas  del esquema o bosquejo (selección de ideas principales) que el desarrollo literario de las mismas. Hay que utilizar por tanto frases cortas, directas, con vocabulario preciso.

## Características que debe reunir el material didáctico de uso radiofónico

> El material didáctico es la base de la explicación y sirve para aprender y para el trabajo posterior.

> Cumple la función de pizarra, libro de texto o cualquier otro medio audiovisual.

> Debe tener elementos para situar al usuario: números, letras, gráficos, colores, etc. Dichos gráficos o dibujos deben ser propios para las personas a las que se  dirige.

> Debe favorecer la actividad durante la explicación. Esto es fundamental porque  el material radiofónico  es un material de trabajo y si el usuario está  pasivo durante la explicación y el material no favorece la actividad durante la misma, "se pierde" rápida y fácilmente.. Para conseguir esta actividad el material didáctico debe incorporar los siguientes recursos:
> - o Textos incompletos o mutilados que se completan durante la explicación. Deben ser palabras claves, referidas a contenidos o frases que recojan las ideas principales.
> - o El subrayado de ideas y conceptos.
> - o Anotaciones en espacios en blanco dejados expresamente para ello. Según el nivel se  dejarán a la libre anotación de los  usuarios o se les conducirá a ello. Hay que tener en cuenta el tiempo que se tarda en las anotaciones.

o Los resúmenes o cuadros de conclusiones donde se completan con las palabras del usuario las ideas desarrolladas durante la explicación.

Por eso, el material en su distribución de contenidos debe contribuir a ello. Pueden incluirse síntesis parciales a lo largo del material en varias ocasiones, si son varios los conceptos desarrollados.

Hay que tener en cuenta los ejercicios de control del proceso de enseñanza/aprendizaje que realizarán los usuarios posteriormente, deben estar en consonancia con los objetivos del tema y deben servir para comprobar:

- Que se ha entendido el tema explicado.
- Que sirve para desarrollar las propias capacidades de los usuarios y el libre ejercicio de su actividad personal como son: la reflexión, la creatividad, el pensamiento crítico, la iniciativa, los hábitos de trabajo y de estudios, etc.
- Que tienen la información del material y de la clase para contestarlos.

**A tener en cuenta**

Las cuestiones o tipos de preguntas deben ser variadas y que cubran distintos niveles de la taxonomía de objetivos. Hay también que tener en cuenta que, dado que el feedback del material no tiene la inmediatez de la audición radiofónica, la clase debe completar ciertos aspectos básicos del aprendizaje que no siempre son fáciles de introducir en el material impreso. Estos aspectos son: el interés, la problemática cotidiana, la motivación, la conexión con la experiencia del usuario, la actualidad del tema, la "cercanía", etc.

**La utilización de la radio en el ámbito educativo ordinario**

Es bien cierto que, desde hace ya algunos años, la prensa, la radio, la televisión, el cine o el vídeo y, más recientemente Internet, han sido y siguen siendo instrumentos que, en mayor o menor medida, la escuela no ha dudado en utilizar para desarrollar ciertas fases de la enseñanza y del aprendizaje.

En ocasiones, se revelan de gran utilidad para estimular la reflexión y la crítica entre los alumnos; en otras, los lenguajes con los que trabajan los medios, especialmente los audiovisuales, dinamizan las sesiones académicas y facilitan la comprensión; en otras muchas, los soportes impresos son una buena herramienta para ejercitar la lectura entre los más jóvenes; y en otras, incluso, los centros escolares han llegado a dotarse de medios propios para aunar todo ese potencial y activar la participación directa de estudiantes y profesores en la producción de materiales de gran valor pedagógico.

En el terreno de la educación, la radio, como bien demuestran las experiencias que se han llevado a cabo en distintos países del mundo, presenta amplias posibilidades de explotación fuera y dentro del aula.

La radio puede tener múltiples aplicaciones: desde despertar la imaginación del alumnado, hasta convertirse en un formidable instrumento para mejorar su expresión oral y su capacidad creativa, sin olvidar que muchos de sus productos contribuyen a ampliar el conocimiento sobre el entorno político, económico, social, cultural y natural que les rodea y, consecuentemente, a mejorar la relación con todo aquello que los envuelve.

Sacar más o menos provecho a las oportunidades que brinda este medio dependerá, lógicamente, del uso que de él se haga. Es importante que se sepa que la radio en la escuela abre dos grandes vías de explotación. Por una parte, creando productos cuyo soporte sea el sonoro, incluso aunque no se disponga de un estudio de radio. Por otra parte, oyendo y analizando programas escogidos previamente y prestando atención a la forma y al contenido.

En los centros en los que se ha puesto en marcha una emisora, sus responsables han constatado la enorme validez de la experiencia para, entre otras cosas:
  - Fomentar y reforzar el trabajo en equipo.
  - Potenciar la iniciativa y la capacidad creadora del profesorado involucrado en el proyecto.
  - Mejorar la expresión oral y escrita entre los estudiantes, así como la utilización de los signos de puntuación.
  - Aumentar de forma significativa el uso de la biblioteca.
  - Favorecer la integración del alumno, aproximándolo a su entorno.

- Desarrollar una nueva manera de educar: activa, abierta a la vida, democrática, crítica y solidaria.
- Dinamizar la comunicación entre la comunidad escolar.

El sistema educativo ordinario puede valerse de la radio como un valioso elemento didáctico. Existen distintas formas de operar con la radio desde el sistema educativo. Veamos algunas.

### Simulando hacer radio

Los alumnos buscan las noticias, consultan las bibliotecas del lugar, entrevistan a algunas personas, redactan guiones, seleccionan música, graban.... de la misma manera que si se dispusiera de una emisora. Estos programas así confeccionados pueden escucharse en el aula, en el salón de actos en unión de otras clases o a través del equipo de megafonía del patio de los que disponen algunos colegios e institutos, aprovechando para ello las horas del recreo.

### Colaborando con emisoras profesionales o semi profesionales

Se puede intentar este tipo de colaboración para la difusión de trabajos elaborados por los propios alumnos/as en clase, que, periódicamente la emisora transmite por un grupo de alumnos/as procedentes de uno o varios colegios o institutos.

### Emisión por la emisora escolar del centro

El uso de la radio, de la emisora escolar, como herramienta e instrumento pedagógico, pasa por una concienciación del profesorado en cualquiera de los distintos estadios del proceso educativo en que se encuentran los alumnos. Las emisoras escolares y la misma radio son un reto para los educadores, porque suponen toda una planificación, un deseo de innovación pedagógica.

Los profesores saben muy bien que cualquier innovación introducida en el ámbito escolar, despierta inquietudes y motivaciones entre los alumnos, pero ha de valorarse debidamente su puesta en práctica para lo que en un principio fue un entusiasmo ocasional no se derrumbe por carecer de unos planteamientos previos que merezcan la pena.

Pero tampoco se soluciona todo con planificación y programaciones por perfectas que sean. Es preciso que se realice el trabajo en equipo, de modo que se pueda prescindir de personas, incluso que se consideran claves, para que todo siga funcionando. Si la actividad está planificada y pensada en equipo, podrá darse una continuidad aunque puedan faltar algunos de sus miembros.

**Perfil del educador/a abierto**
De lo dicho anteriormente, se desprende la necesidad de un tipo de educador/a: un educador/a abierto. Podemos considerar como educador/a abierto a los que tengan los siguientes rasgos:

- Quien posea técnicas y habilidades para tratar de distintos modos los contenidos y aprendizajes. Quien es capaz de elaborar un material estructurado para el aprendizaje mediante la aplicación de las técnicas de diseño instruccional.
- El/la que es capaz de usar las posibilidades del lenguaje total.
- El/la que puede asesorar al educando, tanto de los contenidos como de las actividades para lograr los contenidos.
- El/la que puede brindar información operativa sobre el potencial educativo del medio ambiente social en el que se desenvuelve el educando, y sobre su mejor uso posible.
- El que posea idoneidad e instrumental para descubrir el valor educativo de las instituciones sociales cotidianas.
- El/la que es capaz de organizar otras vías de aprendizaje, entre las que podría figurar la radio escolar.
- El/la que puede ser capaz de apreciar y aprovechar los diversos efectos educativos secundarios de las instituciones y de las situaciones de la vida diaria.
- El/la que pueda recurrir al potencial de los medios de comunicación social a los efectos de explicar y hacer uso del poder educativo de los mismos, y es capaz de participar en la orientación educativa de dichos medios.

Todo profesional de la enseñanza tiene que conocer los factores que inciden en la educación de sus alumnos/as. Con visión pedagógica considerará que el fenómeno de los medios de comunicación de masas y la iniciación en las técnicas de comunicación no es ajeno al campo de la educación; pues, si es verdad que hace tiempo que la escuela perdió el monopolio de la educación, hoy recobra un estilo actualizado de escuela abierta al medio socio-cultural, sin muros que la hace participativa y atractiva.

## A modo de resumen

Por lo que se refiere al ámbito más general de la formación, la radio puede ser un instrumento que contribuya a mejorar los procesos de formación de los individuos. En este sentido, la utilización del medio puede:

- ✓ Propiciar que el individuo forme y escoja sus criterios.
- ✓ Generar espacios de expresión y retroalimentación social.
- ✓ Reforzar valores éticos de la sociedad.
- ✓ Hacer posible el conocimiento acerca de otras culturas.
- ✓ Propiciar confluencias con otros medios, de manera tal que se complementen los contenidos (proyectos multimedios) y se logre así una participación más completa.
- ✓ Apoyar los programas de carácter colectivo y las campañas sociales promovidas por las instituciones.
- ✓ Impulsar los programas de formación y actualización profesional.

Aplicada concretamente a las tareas educativas la radio puede servir para:

- Complementar a la enseñanza reglada, facilitando al profesor materiales de apoyo eficaces para reforzar los contenidos expuestos.
- Actuar como mecanismo directo de instrucción, en la medida en que puede presentar sin excesivos costes, con sencilla tecnología y en poco tiempo programas bien estructurados de contenidos relativos a una o varias materias.
- Extender la institución escolar, en cuanto suplemento de la actividad específica de las aulas y actuando, además, como puente entre la población y la escuela, lo que indudablemente refuerza la labor educativa.
- Apoyar la educación a distancia, sirviéndose de la complementariedad de materiales audiovisuales e impresos.

- Incentivar la libertad de expresión, en la medida en que la radio puede ser un medio donde aquellos que habitualmente son receptores pasan a convertirse con extrema facilidad en emisores: formulan sus propios contenidos, elaboran sus particulares discursos y agilizan la retroalimentación del medio y sobre todo de la institución escolar.

Para todo ello, la instalación de emisoras en los centros educativos es una posibilidad que ya está siendo utilizada, precisamente por aquellos que entienden que la coparticipación de profesores y alumnos en la elaboración de los contenidos resulta fundamental.

No se trata de competir con otros medios de comunicación, ni siquiera con otras radios, sino de dominar los mecanismos de esa peculiar forma de comunicación social, de reforzar los conocimientos para la vida que han de adquirir los educandos, de continuar aprendiendo por parte de todos, en definitiva, de ponernos en situación de emisores-receptores.

Se trata de convertir a un simple oyente en un receptor crítico ante los mensajes de los medios de comunicación social, que además pueda usar ese lenguaje para mejorar sus relaciones con los demás y con su entorno.

Afirmar que el uso de la radio con fines educativos es capaz de resolver todos los problemas pedagógicos y formativos de una sociedad tecnificada es una pretensión radicalmente errónea. Sin embargo, sí puede decirse que la radio puede sembrar inquietudes e incentivar la formación de los individuos y los grupos para que unos y otros sean capaces de buscar formas de conocer, de conocerse y, sobre todo, de desarrollar libremente su creatividad.

En este sentido, la parte lúdica del medio sonoro desempeña un papel fundamental. Es cierto que la radio no puede ni debe competir con la televisión, el cine y las amplias redes informáticas. Pero sí ha de rentabilizar una de sus características esenciales: el estímulo de la imaginación.

Por medio de una labor constante, creativa y sobre todo lúdica, ha de ser capaz de generar ofertas diferentes de las que plantean los modelos convencionales. Éste es, probablemente, el principal reto de la radio educativa: regenerarse a sí misma mediante el aprovechamiento de sus propios recursos expresivos y apostando decididamente por la creatividad

## Conclusión

A lo largo de las páginas que configuran este libro se ha pretendido desgranar una serie de cuestiones que faciliten el conocimiento de las características de la comunicación radiofónica. La riqueza que la misma encierra es tan grande que  cada día que se trabaja en ella es un motivo para aprender algo nuevo. Debemos tener en cuenta que la comunicación radiofónica supera cualquier definición concreta. No es un concepto estable, matemático, ni se puede limitar en cuadrículas rigurosamente técnicas, porque, de todas sus características y posibilidades de aplicación, la principal es precisamente su virtualidad para trascender hasta la categoría de auténtico fenómeno social. Su operatividad potencial, unida a la característica de instantaneidad de sus mensajes, la hace peculiar entre todas las formas de comunicación social y de masas.

La comunicación radiofónica sigue alumbrando ideas entre sus destinatarios, porque fomenta en ellos otra de las características vitales de su propio desarrollo: la imaginación.

## Su futuro

En un mundo incierto y cambiante, en el que parece que todas las cosas nacen y mueren en el mismo momento, fruto de una aceleración continuada en el ritmo de la vida, parece ilusorio intentar describir el futuro modelo social que defina los comportamientos  de las personas. No se puede, por tanto, tratar de delimitar los perfiles de lo que será su futuro, sin aceptar previamente una enorme posibilidad de error no calculado.

De lo que no cabe duda es que la comunicación radiofónica seguirá existiendo como factor determinante de muchas situaciones de toda índole, y de que su caminar habrá de dirigirse hacia la búsqueda de la perdida independencia y de la libertad total con que nació. Porque lo cierto es que la conquista en lo que se refiere a la libertad de expresión así como la idea de participación que las personas intentan aplicar y en muchos casos logran, no puede pasar de incógnito para su futuro acontecer.

La comunicación radiofónica vivirá siempre para servir de algo, su futuro no manejará ya términos de programas dramáticos, informativos o musicales. Se hablará de una comunicación radiofónica total que enlace todos los ámbitos culturales, pasando de uno a otro sin que nadie lo anuncie.

La comunicación radiofónica del futuro hará que la información, por ejemplo, acompañada de la música oportuna, logre un "tempo" dramático, lo llevará consigo un nuevo profesional capaz de asumir todos los papeles, que sepa buscar la noticia, escribirla, contarla y encajarla en el marco oportuno. Todos los adelantos presentes y futuros aplicables a la comunicación radiofónica, facilitarán muchas posibilidades no pensadas o logradas por ahora.

# ACERCA DEL AUTOR

Segismundo Uriarte Domínguez es un profesional de la comunicación, titulado como Técnico de Radiodifusión por el Ministerio de Información y Turismo de España y Diplomado en Periodismo por la Universidad Internacional de Canarias. Está también titulado como Maestro por el Ministerio de Educación de España y posee un Postgrado de Educación de Adultos por la Universidad de Barcelona.

Es experto en Educación a distancia, siendo autor de diversos cursos de formación para el empleo. Pertenece al equipo fundador de la emisora cultural Radio ECCA y ha desempeñado tareas de guionista y locutor en diversas emisoras de radio españolas. También ha sido guionista y coordinador de programas sociales en Televisión Española en Canarias.

Ha impartido múltiples cursos y charlas sobre Radio, ha asesorado a diversas emisoras radiofónicas. Ha ejercido como gerente de comunicación, ha creado y dirigido una emisora de radio online, es autor de varios libros relacionados con la comunicación, la radio, la educación para la salud y la educación.